拓銀
敗戦の記録

破綻20年後の証言

北海道新聞社編

北海道新聞社

拓銀　敗戦の記録

破綻20年後の証言

北海道新聞社編

目次

CONTENTS

われわれは、
拓銀の破綻から何を学び、
そして後世への教訓にできたのか

第一章

「最後の頭取」回想録

プロローグ

PROLOGUE

札幌駅前通と大通公園が交差する札幌市中心部に、商業施設「大通ビッセ」を擁する高層ビル「北洋大通センター」がある。2010年に開業してから9年。行き交う若者たちは、かつてここに「拓銀さん」として道民に親しまれてきた都市銀行の本店があったことを知らないかもしれない。

北海道拓殖銀行は、その名の通り明治期の北海道開拓時代から、道内経済を屋台骨として支えた。だが、バブル期に行った地場新興企業などへの融資が足かせとなり、深刻な経営難に陥る。バブル崩壊後に全国を覆った金融危機の波にものみ込まれ、1997年11月17日、「最後の頭取」河谷禎昌氏が経営破綻を発表。創業100年目前で力尽きた。

1900（明治33）年、開拓が進む道内に低利で資金供給するための国策銀行として、拓銀は発足した。初代頭取の曽根静夫氏は、「利己に奔《はし》らず、情実に流れず」「確実なる見込みある土地に対してのみ融通する」と述べ、堅実経営を掲げた。自治体や中小企業からの期待は高いが、野放図な融資で拓銀自体の経営を危うくしてはならないとの戒めだった。

1950年に普通銀行、55年に全国規模で業務を行う都市銀行に転換。首都圏や関西に店舗網を広げ、ニューヨーク、ロンドンなど海外にも拠点を設けて85年3月末の拠点数は200を超えた。幅広いネットワークを武器に顧客同士の取引の仲介や企業誘致にも力を注ぎ、「北海道のメインバンク」として存在感を高めた。

最下位行の焦り

堅実経営に陰りが見え始めたのはバブル期に入ってから。1990年3月期に過去最高の経常利益448億円を計上すると、同年9月、新興企業を育成する「インキュベーター（ふ卵器）路線」などを盛り込んだ「21世紀ビジョン（注1）」を策定。10月にはビジョン推進の役割を担う総合開発部を設置して、融資拡大に乗り出した。大手都銀がプロジェクト融資や不動産融資で派手に稼いでおり、「都銀最下位行としての焦りがあった」と関係者は語る。

拓銀はビジョンに沿って、胆振管内虻田町（現洞爺湖町）に道内最大級の会員制リゾート「エイペックス」構想があったカブトデコム（注2）や、札幌市北区茨戸地区に大規模リゾート建設を計画したソフィア・グループ（注3）などの新興企業に巨額の融資を実施。東京や大阪でも不動産を担保に融資を増やした。

同じころ、政府は地価抑制にかじを切った。大蔵省は90年4月、銀行の不動産向け融資に上限を設ける「総量規制（注4）」を導入。日銀も公定歩合を頻繁に引き上げ、バブル景気は91年に崩壊する。カブト、ソフィアなどへの融資は拓銀の「お荷物」と化し、総合開発部は94年3月に廃止された。

河谷氏は94年6月の頭取就任後、不良債権処理とリストラを積極的に推進した。しかし、景気は一向に上向かず、不良債権が増加。金融不安が広がり、預金流出も進んだ。97年4月に始めた北海道銀行との合併交渉も頓挫した。

11月3日に準大手証券の三洋証券が破綻。その翌日、金融機関同士で資金を融通する「コール市場（注5）」で初の

破綻当日の拓銀本店。あれから20年以上が過ぎた（1997年11月17日）

債務不履行が起きた。余波で拓銀の資金調達も苦しくなり17日に破綻。翌98年11月、拓銀の道内事業は北洋銀行に、本州の事業は中央信託銀行（現三井住友信託銀行）に譲渡された。

名門企業が苦境

拓銀破綻を機に、木材販売道内最大手だった天塩川木材工業が自己破産。丸井今井、地崎工業、そうご電器など、拓銀をメインバンクにしていた名だたる道内企業が経営危機に直面した。

旧経営陣のうち、山内宏氏（故人）、河谷氏の元頭取２人は商法の特別背任罪で実刑判決を受けた。拓銀の債権を引き継いだ整理回収機構（ＲＣＣ）が旧経営陣に対して起こした損害賠償請求訴訟では、総額１０１億円の賠償を命じた判決が確定している。

浜田康行北海道大学名誉教授は「拓銀は、地元経済の旗振り役であり道内企業と官、東京との橋渡し役だった」と強調。「破綻直後の大混乱を考えれば、多くの人々の頑張りで、破綻以降の20年は大過なく過ぎたと思う。ただ、北海道は、拓銀の不在で特に東京とのつながりが弱まった。結果として道内では新産業も起こらず、経済の縮小が続いている」と指摘する。

注1 「21世紀ビジョン」
拓銀が金融自由化を見据え、1990年9月にまとめた経営戦略。若手の行員と経営コンサルタント会社マッキンゼーが共同で策定した。道内でのリーディングバンクとしての基盤を固める一方、首都圏での小口貸し出し強化策、国際部門でのアジア重視などを重要戦略に据えた。柱の一つとして盛り込まれたのが、有力な道内新興企業の育成を目指す「インキュベーター路線」。同年10月にその機能を担う総合開発部を設置。戦略に沿って融資拡大に動いた結果、不良債権の増大を招いた。

注2 カブトデコム
拓銀の全面的な支援のもと、ホテル、マンションの建設や転売で急成長を遂げた札幌の建設・不動産業者。公共事業に頼る建設業者が多い中、民間物件の開発提案企業として躍進。談合拒否の姿勢でも注目された。胆振管内虻田町（現洞爺湖町）に、道内最大級の会員制リゾート建設を構想。1990年にホテルエイペックス洞爺（現ザ・ウィンザーホテル洞爺）を着工した。ホテル開業の93年に業績悪化が表面化。拓銀は同年11月、同社への金融支援停止を表明したが、巨額の融資は不良債権化し、拓銀破綻の一因になった。

注3　ソフィア・グループ

拓銀が、カブトデコムとともに力を入れて支援した札幌の新興企業。本業は美容室。1988年、欧州のクアハウス（温泉保養施設）をヒントに、札幌市北区茨戸地区に健康リゾート施設「札幌テルメ」（現シャトレーゼガトーキングダムサッポロ）を開業した。93年には隣接地にリゾートホテル「テルメインターナショナルホテル札幌」も開業させた。バブル崩壊もあって経営は悪化したが拓銀は追加融資を続け、不良債権を膨らませた。同グループの元社長は拓銀破綻後、元頭取2人とともに商法の特別背任罪で実刑判決を受けた。

注4　総量規制

大蔵省は1990年4月、高騰していた不動産価格の抑制のため、金融機関に対し、不動産向け融資の伸び率を、総貸し出しの伸び率以下に抑えるよう指導した。列島改造ブームで土地投機が広がった73年以来の措置。景気の減速感が強まったとして、91年12月に解除された。規制の効果もあり、翌92年3月発表の公示地価は17年ぶりに前年割れとなった。ただ、その後、長期にわたって不動産価格は反転せず、急激な景気後退をもたらしたと批判されることも多い。公示地価下落は、2005年まで14年間続いた。

注5　コール市場

銀行や生命保険会社など金融機関の間で、短期の資金を融通し合う市場のこと。「コール」は英語の「call」で、呼べばすぐ返ってくるほどの短期間の貸し出しをするという意味。日々の資金の過不足を調整する役割を担っており、借りた翌営業日に返済する「無担保コール翌日物」という取引が一般的だ。信頼度の高い金融機関しか参加できない仕組みだけに、1997年11月3日の三洋証券破綻の翌日に起きた債務不履行は、参加者を疑心暗鬼に陥れた。同市場での資金調達の難航が、拓銀破綻の引き金になった。

拓銀「最後の頭取」、河谷禎昌氏は、1994年6月から97年11月の経営破綻まで頭取を務めた。商法の特別背任容疑で逮捕されたのは、破綻1年半後の99年3月。一審は無罪だったが、二審は逆転有罪判決が下り、2009年11月、最高裁が上告を棄却して実刑が確定、1年7カ月服役した。河谷氏は出所後、長く沈黙を守ってきたが、破綻から20年後の17年、北海道新聞の取材に応じ、再建策を必死に模索した日々や、破綻に至った経緯について語った。拓銀破綻後、河谷氏が報道機関の単独取材に応じるのは初めてで、記憶を丁寧にたどりながら行ったインタビューは3カ月近くにわたった。河谷氏の証言を紹介する。

破綻が罪なら認めます

東日本大震災が起きた2011年3月11日は、確か部屋で本か何かを読んでいました。突然、経験したことのないような激しい横揺れが起きて、いつになったら終わるのかというくらい長く続いたことを覚えています。私は釧路にいて、てっきり「釧路で大地震だ」と思って、慌ててテレビをつけたら震源地は東北でした。家族の安否を確認したかったけれど、すぐにはできませんでした。私は釧路の刑務所の独房にいたのです。仮出所して自宅に戻ったのはその4カ月後。1年7カ月、塀の中でした。

収監されたのは、頭取時代に行った融資が特別背任罪にあたるということ。「回収困難と分かっていながら自己保身のために貸し出した」とされ、実刑判決でした。

私自身は罪を犯した覚えはありません。銀行の損失をいかに減らすか、そう考えた上での追加融資で、検察の取り調べでもそう言ったのですが、聞いてもらえませんでした。ただ、拓銀が破綻したことで、多くのみなさんにご迷惑をかけました。検事には「特別背任の罪は認めませんが、破綻したことが罪だというなら認めます」と言いました。

話をしたってどうなるものでもないと思って、これまでは取材には一切口を開きませんでした。当時の仕事を振り返ることもほとんどなかったですね。20年もたつし、隠すこともないのでお話しします。

私は1994年6月から3年余り頭取を務めました。破綻によって拓銀株は紙クズになり、株主に大きな損害を与えてしまった。行員には大変な思いをさせたし、道内経済にも影響が出ました。経営に携わった者として申し訳なく思っています。

ありがたいことに拓銀の道内事業の北洋銀行への営業譲渡がうまくいったので、道内の金融や経済が大混乱に陥ることは避けられました。北洋銀行を選んだことが、私のせめてもの償いです。

拓銀は1997年11月14日の金曜日、資金調達が困難になり、日銀の準備預金に必要な額を積み立てられなかった。週明けの17日以降、資金ショートを起こし預金の払い戻しなどができなくなる可能性が高いと見なされ、大蔵省などが急きょ、破綻処理に向けて動き始めたとされる。

報道では、この14日に私がギブアップ宣言したと書かれたものもあるようですが、そういうことはありません。そこははっきり言っておきます。

しばらく前から資金調達が厳しくなっていることは認識していました。行内でも連日、資金繰りをど

かわたに・さだまさ　1935年、神戸市出身。北海道大学法学部卒業後、57年に拓銀入行。94年6月から97年11月の経営破綻まで頭取を務めた。

拓銀の歩み

拓銀と道内関係の出来事	(年)	内外の情勢
拓銀開業(4月)	1900	
	41	太平洋戦争開戦(12月)
	45	終戦(8月)
普通銀行に転換(4月)	50	
都市銀行に転換(11月)	55	
河谷禎昌氏、拓銀入行(4月)	57	
鈴木茂氏、頭取就任(4月)	83	東京ディズニーランド開園(4月)
	85	日航ジャンボ機、御巣鷹の尾根に墜落(8月) プラザ合意(9月)
バブル期		
ソフィア・グループ、札幌テルメ着工	86	公定歩合、1年で4回引き下げ
	87	NTT株売り出し(2月) ルーブル合意。公定歩合2.5%に下げ(2月) 公示地価で東京の平均上昇率53.9%(4月) ブラックマンデー(10月)
札幌テルメ開業(4月)	88	日経平均、初の3万円台に(12月)
山内宏氏、頭取就任。河谷氏は常務、海道弘司氏が常務本店長に(4月)	89	昭和天皇逝去(1月) 消費税導入。税率3%(4月) 三重野康氏が日銀総裁就任。公定歩合4.25%に引き上げ。日経平均終値、史上最高3万8915円(12月)
3月期決算発表。経常利益、過去最高の448億円(5月) カブトデコム、エイペックスリゾート洞爺を着工(秋) 21世紀ビジョン策定(9月) 総合開発部設置(10月)	90	公定歩合5.25%に上げ。日経平均3万円割れ(3月) 大蔵省が不動産向け融資の総量規制導入(4月) 公定歩合6%に引き上げ(8月) 日経平均2万円割れ(10月)
ソフィア、テルメ隣にリゾートホテル着工(5月)	91	湾岸戦争開戦(1月) ジュリアナ東京開業(5月) 野村証券の損失補填(ほてん)発覚(6月) 大蔵省が総量規制解除(12月) 公定歩合、1年に3回引き下げ
破綻へ		
河谷氏、専務就任。海道氏は常務退任(6月) 拓銀、カブトを調査。経営不振の実態が明らかに(7～10月)	92	公示地価17年ぶり下落(3月) 政府が10兆円規模の総合経済対策(8月) 大手21行の不良債権12兆3千億円と発表(10月)
河谷氏、副頭取に。エイペックス洞爺開業(6月) カブトデコムへの支援打ち切り(11月)	93	政府が13兆円規模の総合経済対策(4月) 非自民8党派の細川連立政権発足(8月)
総合開発部廃止(3月) **河谷氏、頭取就任**(6月) 決算承認銀行に指定(12月)	94	政府が15兆円規模の総合経済対策(2月) 預金金利の完全自由化(10月) 東京協和・安全の両信組破綻(12月)
初の赤字決算発表。大規模リストラ表明(5月) 日銀考査(7月) ムーディーズの財務格付けでEランクに(8月)	95	阪神大震災(1月) 地下鉄サリン事件(3月) 木津信組、兵庫銀行破綻(8月) 住専処理で6850億円投入決定(12月)

拓銀と道内関係の出来事	(年)	内外の情勢
本店の土地と建物の売却決定(3月) 不良債権を前倒し処理し、大幅赤字決算(5月) 優先株を発行し自己資本を増強(8月)	96	東京三菱銀行開業(4月) 大手行の大半が赤字決算(5月) 住専処理法成立(6月) 金融ビッグバン発表。阪和銀行に業務停止命令(11月)
拓銀株価200円割れ(1月) 北海道銀行との合併発表(4月) 北海道銀行との合併延期発表(9月) 大蔵省検査(10月) **破綻。北洋銀行への譲渡発表。河谷氏、頭取を辞任**(11月)	97	野村証券による総会屋の利益供与発覚(3月) 消費税率5%に引き上げ(4月) アジア通貨危機(7月) 三洋証券破綻。山一證券が自主廃業。徳陽シティ銀行破綻(11月)
	破綻後	
テルメ関連3社破産、エイペックス関連3社破産(3月) 拓銀最後の決算発表。約1兆円の債務超過(5月) 最後の株主総会(6月) 与信調査委員会が元役員を刑事告発(10月) 北洋銀行と中央信託銀行に営業譲渡。損害賠償請求の民事訴訟提訴(11月)	98	大蔵省接待汚職で官僚ら逮捕(1月) 改正預金保険法など金融関連法成立(2月) 大手21行に公的資金1兆8千億円注入(3月) 早期是正措置導入(4月) 金融監督庁発足(6月) 金融再生関連法成立。日本長期信用銀行破綻(10月) 政府が24兆円の緊急経済対策(11月) 日本債券信用銀行が一時国有化(12月)
山内、河谷両氏、特別背任容疑で逮捕(3月)	99	三井信託と中央信託が合併合意(1月) 大手15行に7兆円の公的資金注入(3月) 東京相和銀行、東邦生命破綻(6月) 第一勧銀・富士・興銀が統合発表(8月) ペイオフ凍結解除を1年延期(12月)
	2000	金融庁発足(7月)
北洋銀行と札幌銀行が経営統合(4月) エスコリースが自己破産(5月)	01	日銀量的緩和策導入(3月) 米同時多発テロ発生(9月)
ザ・ウィンザーホテル洞爺開業(6月)	02	ペイオフ一部解禁(4月)
特別背任事件で一審判決。山内、河谷両氏は無罪(2月)	03	
北海道銀行と北陸銀行が経営統合(9月)	04	
	05	ペイオフ全面解禁(4月)
特別背任事件で控訴審判決。山内、河谷両氏に逆転実刑判決(8月)	06	日銀が量的緩和策解除(3月)
北洋銀行と札幌銀行が合併(10月)	08	リーマン・ショック(9月)
特別背任事件で最高裁が上告棄却。山内、河谷両氏の実刑が確定(11月) **河谷氏、収監**(12月)	09	
拓銀本店跡地に北洋大通センター開業(5月)	10	
河谷氏、仮釈放(7月)	11	東日本大震災(3月)
	13	日銀が異次元緩和導入(4月)
	14	消費税の税率8%に(4月)
北洋銀行、創立100周年(8月)	17	

うするかの会議が開かれていた。でも、最後まで自力再建を模索しようと思っていました。銀行経営は箸の上げ下ろしまで大蔵省の了解が必要といわれた時代です。「いざとなったら大蔵省が何とかしてくれる。大手行はつぶさないはずだ」という認識もありました。

この日も、何か決定的な日になるとは思っていませんでした。しかし、東京に向かうよう言われ、皇居に近いパレスホテルで大蔵省の幹部から、破綻処理に入ると通告されました。大蔵省は、私からの説明を待たずに方針を固めていたようでした。通告は決定であり、もはや抵抗の余地はありません。「いよいよ来たか」という気持ちになったことを覚えています。

破綻後の1999年3月、私は特別背任容疑で逮捕されました。何か隠していればヒヤヒヤするのでしょうが、後ろめたいことは何もないので、意外と怖くありませんでした。一審は当然ながら無罪判決。ところが控訴審で逆転有罪となり、2009年に実刑判決が確定、服役しました。

反省ですか。個別に挙げればいろいろあります。道銀との合併交渉や、思い切って赤字決算をやったり、リストラしたり……。いまから考えると頭取としてちょっと動きすぎた。かえって拓銀に対する信用不安を広げてしまった側面もあるでしょう。

何もしないで成り行きに任せ、時期が来たら次に引き継ぐ。それが一番良かったかもしれない。違うやり方をしていたら、拓銀は生き延びられたのではないか、と思うこともあります。

でも当時は、そんなことを考える余裕はなかった。船長になって船底に行ってみたら大穴が開いて水がじゃんじゃん入ってくる。このままだと沈む、なんとかしなければならんという思いで、動かざるを得なかったのです。

たたき込まれた債権回収

私は1935（昭和10）年、神戸市で生まれました。父は裁判官、兄と祖父も弁護士。私はそんな司法一家の4人兄弟の次男でした。太平洋戦争中にイ

「拓銀破綻で多くの人々に迷惑をかけた」と語る河谷氏

ンドネシアのジャワ島で司政官をしていた父が戦死し、母方の両親を頼って札幌に疎開したことが北海道暮らしの始まりです。8歳でした。

兄は朝から晩まで本を読んで、後に弁護士になりました。私は根っからの勉強嫌い。勉強は長時間やればいいというものではないと思っていました。札幌北高校から北海道大学法学部に進学しましたが、兄のように猛勉強しなければ弁護士になれないのかとへきえきし、司法の道には進みませんでした。

就職活動で受けたのは拓銀だけです。理想に燃えて何かをしたいという思いよりは、自宅から通える企業がいいと思っただけです。

河谷氏は、岸信介政権発足1カ月後の1957年4月に入行。札幌市中心部にある札幌南支店を振り出しに、主に企画部門を歩んできた。経営のかじ取りにかかわる中枢部門の一つで、人事部、組合役員とともに「御三家」と呼ばれるエリートコースだった。

札幌南支店では、紙幣を素早く数える「札勘《さつかん》」や預金業務など一通りやりました。他行との競争はそれほどなく、むちゃくちゃな預金集めもありませんでした。まだ宿直業務があって、夜中になると「慰問」と称して仲間がやってきて、マージャンをしていましたね。

南支店の一番の思い出は女房をもらったことです。入行4年目。四つ年上の先輩行員でした。

組合などを経て1972年、37歳で配属された東京の板橋支店では債権回収業務をたた

1955年、東京・日本橋に完成したばかりの拓銀東京支店のビル。ピーク時は本州に70を超える店舗を構えていた

新婚時代の河谷氏（左）と妻の節子さん

「倒産銀座」と呼ばれるほど、経営に行き詰まる企業が相次ぎ、そのたびに法的処理か、支援継続かの即断を迫られました。回収は初動が命。数をこなすことで不良債権処理のこつが身につきました。

79年に初めて支店長として赴任したのが横浜支店です。都銀上位行などライバルがひしめいており、預金などのノルマをこなせるわけがない。それなのに本部にいた同期から「このままだと横浜支店は『不良店』に認定される。頑張って点数を稼げ」と警告されました。「ぜひ認定して、どうやったらここで預金が稼げるのか教えてくれ」と言い返しました。

結局、不良店に認定されましたが、だれも指導に来ない。同期には「不良店認定しておいて指導もできないのか」って言ってやりましたよ。

――東京ディズニーランドが開園した1983年、拓銀では五味彰頭取が退任し、鈴木茂氏がトップに就いた。

このころ以降の銀行員生活を振り返ると、異動のたびに大変な仕事ばかり任された気がします。1984年、横浜支店長から本店の企画部長になった際には、道内大手建設会社の経営再建を手掛け、巨額の不良債権の償却に当たりました。会社として特別損失を計上した責任を取り、役員賞与はカット。当時としては、かなり大がかりな処理でした。

同じ年に、都市銀行でつくる、今後の金融戦略などを話し合う「都市銀行懇話会」で、幹事行として仕切り役になりました。前任者の役員昇格に伴う突然の登板で、途中交代は異例でした。ちょうど国債を担保にした新たな金融商品を巡ってもめていた時期で、他行から「拓銀が幹事役を途中で代えるから大ごとになった」と皮肉を言われたものです。

初めて取締役になったのは86年、51歳の時です。東京業務本部の副本部長として都内の支店を回りました。貸出量を増やそうという動きはまだそれほどありませんでした。いま考えるとバブル期は始まっていたのですね。

増えた「おかしな融資」

3％の消費税が導入された1989年4月に東京から札幌に異動しました。異動の前、当時の鈴木茂頭取から内々に「河谷君は東京の業務本部長」と言い渡されていました。ふたを開けると東京ではなく札幌の業務本部長。直前で差し替わったのです。

東京では、九州や近畿のゴルフ場開発など「拓銀がやることなのか」と思える先に融資を広げているところで、担当していた秋田甫《はじめ》業務本部長は代えられないとの判断だったらしい。「おかしな融資が増えているな」と思いましたが、地価も株価も右肩上がりで、含み益もたっぷりあった。ちょっとくらい失敗してもたいしたことはないだろうと、だれもが甘く考えていました。

当時は金利自由化の流れの中で、もうけに挑戦、収益重視という時代でした。90年3月期には過去最高の448億円の経常利益を計上。融資先の危険性を指摘する声は、行内では大きくなりませんでした。

1989年末、日経平均株価は史上最高値の3万8915円(終値)を記録。地価も上がり続けていた。大蔵省が90年4月、不動産向け融資を規制するなど、政府は景気引き締めに動いたが、拓銀はバブルの波に乗り遅れまいと暴走していく。

拓銀は、経営コンサルタント会社のアドバイスの下、新興企業を育成する「インキュベーター路線」などを柱とする「21世紀ビジョン」をまとめ、90年に公表しました。その実行部隊として設けられたのが総合開発部です。審査機能と融資機能を一緒にした部署なのですが、結果的に審査が弱くなった。銀行の常識で考えると誤りですね。暴走し「化け物」のような取引先ばかり育てて失敗に終わりました。

ここのトップを務めたのが海道弘司常務。同期ですが、あまり会話をしたことはありません。彼を「剛腕」と呼ぶ人もいましたが、彼の融資は、ただのむちゃくちゃだったと思います。

当時、行内で幅を利かせていた鈴木茂会長、佐藤安彦副頭取、海道さんの頭文字をとって「ＳＳＫ」と言われていました。かつて、鈴木さんは気の良いおじさんで腹黒いところはなかったし、佐藤さんも部下として仕えた時は、素晴らしい人だと思ったものです。ところが、どこで変わったのか、派閥をつくって情報も抱え込むようになってしまった。組織人としてはやってはいけないことです。

鈴木さんの後任として89年に頭取になった山内宏さんは、彼らのことを見て見ぬふりをした。山内さんには「不作為の責任」があると思います。山内さんは悪いことはしなかったけど、良いこともしませんでした。


総合開発部が融資を伸ばした代表的な企業がカブトデコムとソフィア・グループ。カブトは胆振管内虻田町（現洞爺湖町）、ソフィアは札幌市北区茨戸で壮大なリゾート開発構想を掲げ、ホテルなどを建設したが、バブル崩壊とともに計画は暗礁に乗り上げた。河谷氏は、バブルの後始末に本格的に取り組み始める。

海道さんの案件で、まず問題化したのがエスコリースでした。事実上、拓銀系列のリース会社で、リース業だけやっていれば良かったのですが、不動産関連融資に手を出しておかしくなり、1991年春に金融支援策をまとめました。ちょうど人間ドックに入っていたら「エスコがだめになった。えらいことになっているからすぐ戻れ」との連絡を受けた記憶があります。佐藤副頭取とエスコの件を話したときに「おまえはドロドロとしたものにはまだ触るな」と言われたのを覚えています。にっちもさっちもいかなくなっているのを佐藤さんは分かっていた。表に出さないようにしていたんですね。結局経営は行き詰まりました。

92年、カブトの経営不振が内部で発覚し、海道さんは退任しました。私は、カブト向け融資の実態についての調査委員会のトップを務め、2、3カ月かけてリポートをまとめました。債務の額自体はだいたい事前の予想通り。金額

カブトデコムの「エイペックス洞爺」は「ザ・ウィンザーホテル洞爺」に変わり、2008年の北海道洞爺湖サミットの主会場になった

よりも、おかしくなった過程に力点を置いて調べ、カブトへの貸し出しを不良債権とした上で、海道さんや佐藤さんら旧経営陣の責任をはっきり断定しました。

行内では、こうした責任を言い出せない雰囲気が広がっていました。調査中には、身に危険が及ぶなど「何かあるかもしれない」という予感が常にありましたが、そんな弱音を吐いていては何もできないと突き進みました。結局、海道さんの退任後で、佐藤副頭取の力も落ちていたこともあり、特に妨害もなく、調査を終えられました。

ソフィアは、93年4月に巨大なホテルが開業しており、それを生かして時間をかけて回収する計画でした。融資が問題化するのは、ずっと後のことです。

山内さんから頭取就任を打診されたのは94年春。「大変だけど頼む」と言われただけで、不良債権の状況など具体的な引き継ぎはありませんでした。山内さんには、経営に対する危機感はあまりなかっただろうな、と思います。厳しい仕事になるという予感の半面、株の含み益も十分にあったので、「この程度なら何とかなるだろう」と考えて引き受けました。

膨らむ不良債権

私は1994年6月、頭取に就任しました。59歳でした。頭取になって初めて、関連会社を含めると不良債権が1兆円近くあることが分かりました。半分以上はたくぎん抵当証券やたくぎんファイナンスといった関連会社のもので、彼らが勝手に融資を膨らませていた。本体だけなら破綻する金額ではありませんでした。一部役員が情報を抱え込んでいたのです。あまりに想定外の大きさでした。

バブル崩壊による株価や不動産価格の下落はその後も続き、状況はどんどん悪化していきます。処理には30年、いや50年はかかるのではとの不安がこみ上げました。トップに上り詰めたなどという達成感はありませんでした。

それでも河谷氏は、96年3月末までの中期経営計画期間内に不良債権処理にめどを付けることを目指し、積極的に償却を進める。本業のもうけを処理に投入した結果、95年3月期の経常損益は初の赤字に転落。翌96年3月期に経常赤字は約2千億円に拡大した。

あれだけ急激に担保の不動産の価格が下がったら、何もしなくても不良債権額が増えてしまい、手の打ちようがありません。とはいえ、処理はやらざるを得ません。手のほどこしようがない企業は別として、追加融資したり、不良債権を受け皿会社に移したりして時間を稼ぎ、株価や地価の反転を待つしかないと考えました。

ただ、不良債権を処理するにしても、当時は償却証明制度というものがあり、大蔵省の承認がないと処理できませんでした。簡単には処理を進められず、てっとり早くできることはリストラしかありません。

店舗の統廃合に大ナタを振るい、野球部、スキー部といった運動部は休部させました。企業統治の観点から現在問題視されている会長職や相談役はいち

1995年11月、翌96年3月期決算が2年連続経常赤字になると発表する河谷氏(左端)

早く廃止。「こういう状況だから頼みます」と先輩たちに言って回りました。鈴木茂さんだけが「おまえ誰に向かって物を言っているんだ」って言っていましたね。役員報酬も大幅にカットしました。平時に取り組めば相当な効果があったと思います。でも、巨額の不良債権の前には「焼け石に水」でした。

「もう辞めさせてほしい」。頭取就任から2年後の96年春、大蔵省出身の藤野公毅《ひろたけ》副会長に弱音を吐いたことがあります。「それじゃあ敵前逃亡になるよ」。藤野さんに、そうたしなめられました。

懸命に経営改善策を進めても危機脱却の兆しはつかめず、拓銀株は97年1月、200円を割り込んだ。定期預金の解約も進み、テレビ番組が明らかに拓銀と分かる表現で「危ない銀行」と報じた翌日には10億円以上流出したとされる。自力再建は困難と判断した拓銀は97年4月、北海道銀行との合併を発表した。

道銀との合併構想は、大蔵省には頼らず藤田恒郎頭取とひそかに東京で会って私から打診しました。藤田さんは二つ返事で応じてくれました。合併発表と同じ日に日本債券信用

銀行（日債銀、現あおぞら銀行）が再建に向けたリストラ策を発表しましたが、タイミングを合わせた訳ではありません。

記者会見では合併を「恋愛結婚」と表現しました。

道内に営業基盤を持つ道銀とならやっていけるという確信がありました。新銀行の行名が「新北海道銀行」になったことにも、私が会長、藤田さんが頭取というポジションにもこだわりはなかった。都銀の看板を捨てて道外店舗を縮小することにすら、ためらいはありませんでした。合併さえまとまれば、大蔵省も支援してくれると考えていました。

しかし、間もなく道銀側の態度が変わってきました。大蔵省が査定した財務状況も含めて隠さずに伝えたつもりでしたが、拓銀の不良債権の額に疑念を持ったようでした。交渉中にも地価下落などが進み、不良債権が膨らんだことが響いたのかもしれません。6月頃には雲行きが悪いなと感じるようになり、何の合意もできないまま合併は延期となりました。

9月に延期を発表した直後、拓銀の株価はついに100円を割りました。ショックでしたが、この段階でも破綻が現実になるとは思っていませんでした。

大蔵省が「通告」、道銀への譲渡は拒否

金融機関に対する公的資金注入制度がなかった時代です。自己努力による増資とリストラ。これしか生き残る道はありません。付き合いがあった保険会社をずいぶん回って増資のお願いをしたのを覚えています。当時の堀達也知事も、心配していろいろと動いてくれたようで心強かった。

合併交渉さなかの6月に不良債権流動化を目指して英国の国際金融グループ、バークレイズと業務提携しており、そこと関係を深めようとしたけれど、あまり乗ってきませんでしたね。厳しい状況でしたが、10月には大蔵省検査も始まった。検査で債務超過でないことが証明されれば増資もうまくいく。時間はかかっても少しずつ不良債権を処理していこう。資金繰りさえ問題なければ、何とか持ちこたえられる。そう考えていました。

日々の資金繰りの頼みの綱は、金融機関同士が融通しあう「コール市場」。ところが、準大手の証券会社、三洋証券が11月3日に破綻した関係で、信頼関係で成り立つこの市場で翌4日、初の債務不履行が発生する。参加者の間に疑心暗鬼が急速に広がり、

資金調達に苦しんだ拓銀は14日の金曜日、日銀の準備預金に定められた額を積めなかった。

──

このころは頻繁に東京に出張していました。都市銀行や全国銀行協会の会合がしょっちゅうあったからです。14日も「大蔵省から何か言われるかな」というくらいの気持ちで東京に向かいました。指定されたパレスホテルに到着するまでは、資金繰りの状況についても聞かされず、週明けもまた頑張るつもりでした。嫌な予感などまったくありませんでした。

ホテルにだれがいて、どんな話をしたのか、あまり覚えていません。大蔵省からは「非常に状況が悪い。（破綻処理のため）預金保険機構から資金を入れます」と言われたと思います。私から「もうだめだ」と白旗を上げたのではありません。そもそも大蔵省や日銀に、こちらから「助けてほしい」と言った覚えもありません。でも、破綻は大蔵省の決定事項でした。破綻の提案とか、説得ではなく、通告であり、受け入れるしかありません。抵抗する余地はありませんでした。

道内事業の譲渡先について、大蔵省は「道銀にしてほしい」と言ってきました。これだけは、即座に断りました。合併が破談になった経緯もあり、対等合併ならまだしも、道銀に吸収されると拓銀の行員がつらい思いをすると考えたからです。道内で道銀以外となると、選択肢は北洋銀行しかありませんでした。「道銀とやれ」と言われたらどうしようかと思っていましたが、大蔵省は全然こだわりませんでした。

週明け以降の資金ショートを恐れて破綻処理に動いた大蔵省。同省幹部は「拓銀がこのタイミングで行き詰まったのは想定外。三洋証券が誤算だった」と振り返る。関係者によると、日銀も拓銀の役員に経営破綻の表明を促していた。北洋銀行に対しても、万が一の際は受け皿になる準備をするよう、夏ごろから根回しをしてい

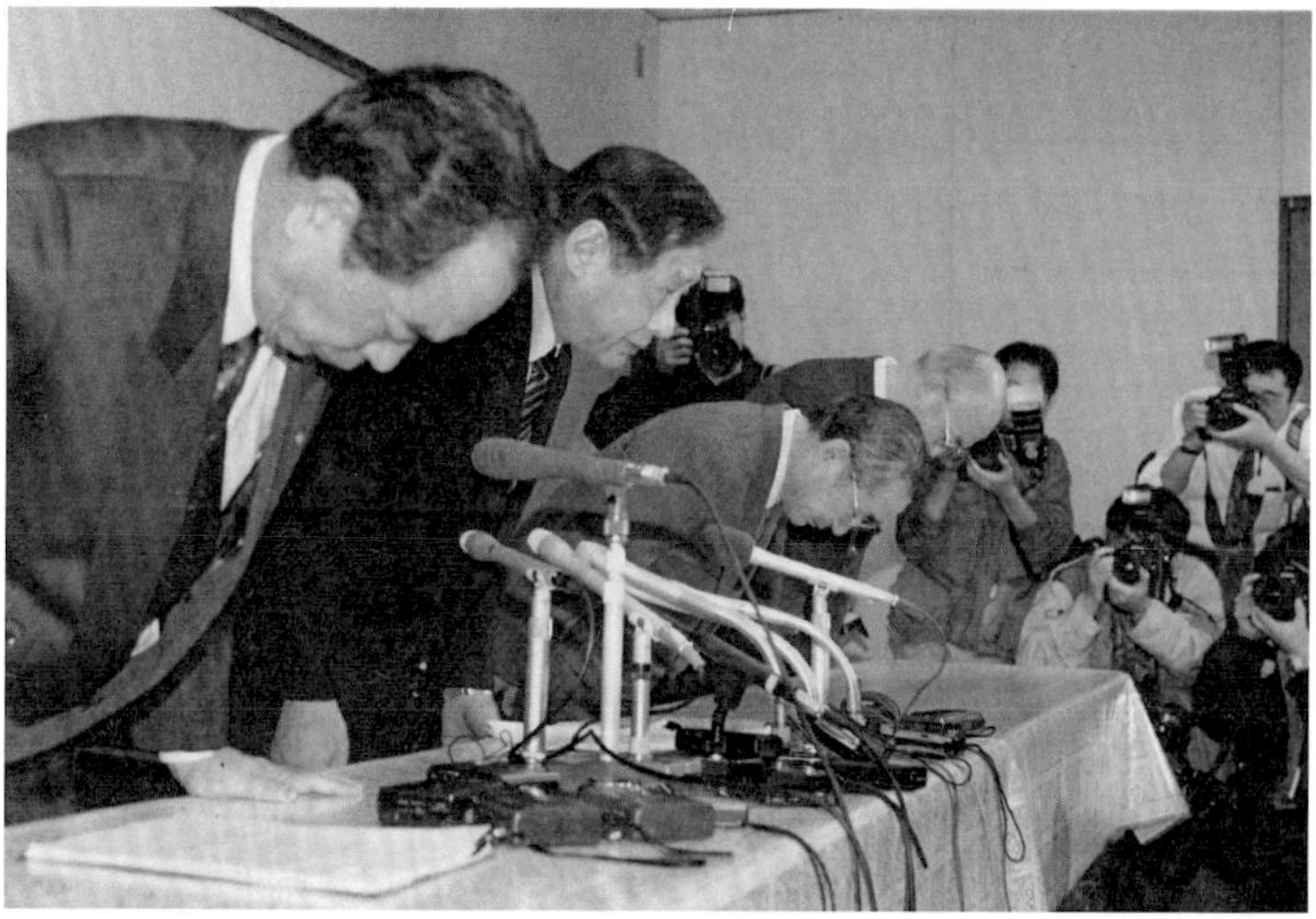

1997年11月17日、頭取として経営破綻を発表し、頭を下げる河谷氏(左から2人目)

たという。

破綻が決定した後は外部に情報が漏れると大変なので、週末はホテルに泊まらされ、週明けの17日朝、記者会見で経営破綻とともに、その責任を取って辞任することを発表しました。会見後、北洋銀行の武井正直頭取に「頼みます」とあいさつしました。武井さんは「大変ですねえ」と言っていました。その日、ほかに何をしたかは記憶がありません。

銀行を去ったので私は関与していませんが、翌1998年2月、本州部分の事業譲渡先が中央信託銀行（現三井住友信託銀行）に決まりました。北洋銀行とともに、行員の引き受け先が確保できて、ほっとしたことを覚えています。

まさかの実刑判決

拓銀破綻発表1週間後の1997年11月24日、山一證券が自主廃業した。大手20行、四大証券の「不倒神話」が崩れ、金融不安は底なしの様相に。世論の反発を恐れ金融機関への公的資金投入に慎重だった国は方針転換し、98年2月、最大30兆円の投入の

――枠組みをつくる金融安定2法が成立した。

拓銀破綻後、銀行への公的資金投入が一般的になりました。個人的には拓銀よりも日債銀が先に破綻するのではないか、と思っていました。ただ、日債銀が破綻すると影響は全国に及ぶでしょう。国が方針転換するきっかけ、という意味では、拓銀は破綻させるのに頃合いのいい銀行だったのかもしれません。北海道が多少混乱しても日本全体に大きな影響はないし、破綻行が小さすぎても方針転換の引き金にはならないと。国の考えは分かりませんが。

そのうち破綻した金融機関の経営陣の刑事責任を問う動きが出てきました。私は、「悪いことはしていないのでどうぞ調べてください」という気持ちでした。

――河谷氏と前任の山内宏氏は1999年3月、特別背任容疑で逮捕された。経営難のリゾート開発会社ソフィア・グループに、94年から97年にかけて約85億円を融資。回収の見込みがないと知りながら、自己保身目的で融資を続けたと認定された。

逮捕された時は「しょうがない。だが、悪いことはしていない」という気持ちでいっぱいでした。逮捕から起訴されるまで20日間、取り調べを受けました。検察の聴取は、若い検事と書記官のもとで行われました。私は「拓銀が破綻したこと自体が罪というなら、すなわち『破綻罪』があるなら認めます」と言いました。罪を犯した覚えはいまでもありません。

しかし、取り調べは最初から筋書きができていて、大半が雑談ばかり。最後に「この通りですね」「判子を押して」と言われるのです。自分たちの考える方向に調書を作る「作文」であり、下手な「綴り方」だと思いました。「保身」って言われたって、むしろ辞めたかったんだから、保身どころじゃないですよ。

でも、反論したって相手は文章を変えないし、判子を押すまで粘り続けるのです。高圧的ではなかったけれど、いくら話をしても無駄で、最後は「もう面倒くさい。どうでもいい」という感じになりました。

私の時のように、筋書きに当てはめる方式で、都合の悪い事実を捨ててきた、いい加減な裁判は多いのではないでしょうか。

特別背任の根拠になったのは、ソフィアに追い貸しを行ったことです。しかし、考えてみて下さい。融資をいっぺんに引き揚げて会社をつぶすのは簡単ですが、銀行の損害も大きいのです。回収に懸念がある企業への対応として、追加融資しながら再建させる手法は、どこの銀行もやっていたし、大蔵省も認めていました。

敵陣に送った10万人の兵力が全滅の危機に陥ったとき、前線で生き残る数万人を助けるため、さらに1万人の援軍を投入するか否か。特別背任罪の根拠となったソフィアへの追加融資は、頭取として、そんな判断を迫られた事案でした。

2003年2月、一審で無罪判決を受け札幌地裁を出る河谷氏(左)

私は援軍を送って5万人でも助けたかった。「そもそも兵隊が死んだのはおまえのせいだ」と言われればその通りです。でも頭取として10万の兵が全滅するのをただ見ていていいのか、難しい判断だと、いまでも思います。自己保身など考えたこともありません。

4年審理して一審は無罪。それが控訴審ではわずか1回の公判でひっくり返りました。有罪でも執行猶予はつくだろうと思っていたので、実刑は意外でした。

河谷氏が逮捕された1999年には、金融機関への国民の怒りの声に押されたかのように、破綻した大手行、旧日本長期信用銀行（現新生銀行）と旧日本債券信用銀行（現あおぞら銀行）の元経営陣が逮捕された。両行の元頭取は最終的に無罪を勝ち取ったが、河谷氏は2009年11月に実刑が確定。同年12月から11年7月の仮釈放まで服役した。

刑務所に入るとき、妻は普段と変わらない様子で「行ってらっしゃい」と言って見送ってくれました。「この人は、どこに行っても大丈夫だ」「1年なんてすぐだ」と思ってくれたのでしょう。刑務所の部屋は4畳半程度の独房。刑務作業の傍ら出所した受刑者が置い

ていった大量の本を読みふけったり、将棋を指したり。私が拓銀で頭取を務めたことを知っている人はいませんでした。

所内で仲良くなった人もたくさんいました。根っからの悪人に出会った記憶はありません。変な話かもしれませんが、ちゃんと働き口があって経済的に困る人が少なくなれば、犯罪は減るんじゃないか、とさえ思いました。

刑務所では高血圧や痛風などの持病が全て治り、健康になりました。負け惜しみじゃありません。規則正しい生活をし、食事も管理され、適度な運動もさせてもらったおかげです。服役中に般若心経を覚えました。受刑者が持っていたんです。観自在菩薩……。いまも自宅で唱えています。毎朝です。

「都銀」の重荷

拓銀は1900（明治33）年の開業から9代目の東条猛猪《たけい》氏まで、主に大蔵省出身者を頭取に迎えてきた。生え抜きが続くようになったのは77年に就任した10代目の五味彰氏から。「最後の頭取」となった河谷氏は13代目だ。

組織内に派閥がない拓銀の行風が好きでした。大蔵省からトップが来ていたので、派閥争いの必要がなかったのです。それが、生え抜き頭取が当たり前になり、バブルのころから派閥ができ始めて、組織がおかしくなっていった気がします。権力争いの機運が生まれ、経営に少し緩みが出てしまったかもしれません。

もう少し大蔵省出身の頭取の時代が続いても良かったかも、とも思います。私の首と引き換えに大蔵省から頭取を招いていれば、事態は好転したかも、と思うこともあります。もっとも、経営状況の厳しさからすれば、大蔵省は引き受けなかったでしょう。自分たちがトップに立ったところでかなり難しい経営が続くことは分かっている訳ですから。

拓銀の店舗数は、最も多い1993年3月時点で215店。うち道外は3割強に当たる73店もあった。「都市銀行」の看板を守るため、首都圏はもちろん、名古屋、京都、神戸にまで支店を設けていた。

東京勤務が長い行員たちは都銀であることにこだわっていましたね。私は、道外の営業店舗は必要最小限で十分という考え。都銀であり続けることは、上位行との差がありすぎ

て重荷でした。埼玉県にまで支店を出すことが、企業の戦略として正しかったかどうか。首都圏で、そこを地盤としている上位行の営業基盤に食い込むのは至難の業です。逆立ちしても勝てるわけがない。北海道に戦力を集中させた方が楽だし、効率的ですよ。私が頭取就任後に本州店をリストラしたのも、そうした思いを以前から持っていたからです。

道銀との合併交渉を始めた理由の一つも、そういう考えから。もう少し早く、北海道に軸足を置く経営に切り替えていれば、拓銀は「北海道の雄」として悠々と営業できていた

「北洋銀行が拓銀をうまく引き継いでくれました」。拓銀本店跡に建った北洋大通センターを背に語る河谷氏

かもしれません。大事なのは営業エリアを広げて貸出額などの量を追うことではなく、質を高める経営だったのです。

拓銀を引き継いでくれた北洋銀行が北海道に根ざした経営に徹している姿を見ていると、このやり方が最も合理的なのだろうと改めて感じます。

銀行の貸出額を規制していた日銀の「窓口指導」が91年に廃止されてから、たがが外れた気がします。規制なく「量」を追えるようになった。窓口指導の下だったら、たくぎんファイナンスやたくぎん抵当証券のようなノンバンクに銀行本体がお金を貸すことはできなかったはず。親会社に頼らず貸し出しをどんどん膨らませていたことに気づかなかったのは大変な落ち度でした。

まあ、いずれも「今思えば」の話。バブル時代は日本全体が浮かれ、銀行も国もバブルに踊ってしまいました。漠然と「おかしなことをやっているな」とは感じますが、それをいさめる空気は行内にはありませんでした。むしろ「こんな時に何もせず黙っているのか。よその銀行はどんどんやっているのに」という声もありましたから。

大蔵省は、当時「大手行はつぶさない」と言いました。その言葉通りにはなりませんでしたが、都銀の中で拓銀だけが破綻したのは、やはりそれだけのことをしてしまったからです。

ところで、いまの株価や経済情勢もなんとなく浮かれてしまっている気がしますね。いつまでもこんな調子は続かないですよ。

拓銀破綻で経営危機になったといわれている企業がいくつかありますが、拓銀がどうこうではなく、企業自体に問題があったケースが多いと思います。拓銀破綻直後に自己破産した天塩川木材工業は、拓銀が生きていようがいまいが時間の問題だったし、丸井今井も社長だった今井春雄氏の問題。岩田建設に吸収合併され岩田地崎建設になった地崎工業も、公共投資が減っていく中で衰退していくのは当たり前だった。大半はうまく北洋銀行に引き継げたと考えています。一方、第一臨床検査センター（現アインファーマシーズ）など、北洋銀行が引き取ってくれず迷惑を掛けた企業もありました。

――河谷氏は2017年5月、56年間連れ添った妻節子さんを失った。85歳だった。

妻の命を奪ったのは、大動脈が突然裂ける大動脈解離という病気でした。私も15年にやりました。私は命拾いしたけど、妻は自宅で倒れてあっという間に亡くなった。

生前、妻からよく「私の方がえらいのよ。年上だし銀行員としても先輩なんだから」と言われました。なぜか気持ちが楽になるんです。ずいぶん救われました。

実は、妻には「取材など受けないで。蟄居《ちっきょ》謹慎の身なのだから」とくぎを刺されていたのです。先日、取材に応じたことを墓前に報告してきました。「約束を破ってごめんな」って。

——バブルの後始末役として登板し、奔走実らず破綻、服役という激動の人生を送ってきた河谷氏。最後に銀行員生活をどう総括するか尋ねた。しばらく沈黙が続いた。

うーん、何て言ったらいいのか。言いようがないですよ。破綻で多くの方々に迷惑をかけました。

でも、何か言うとすれば、「いろいろ面白かった」という一言でしょうか。いろいろな人とも出会えたし、友達もできた。

人生の大半を拓銀で過ごしました。いろいろあったけれど、まあ面白かったと言わなければ、自分がかわいそうですね。

第二章

激流の中で

内部資料が語る11・17敗戦記

プロローグ

PROLOGUE

「拓銀破綻20年」の連載企画執筆に向け、広く関係者に取材を続けていた取材班は2017年秋、拓銀の幹部たちが破綻の1年余り前から共有していた約3千枚の内部文書を入手した。日々の資金繰り状況を示す日報や、各現場からの報告書、当局とのやりとり記録、行内通達、メールなど。元行員ら複数の関係者が保管しており、破綻20年を機に提供を受けた。文書は、巨額の不良債権を抱えた上、信用不安による預金流出加速で資金繰りの面でも追い詰められた「最晩年」の様子を浮き彫りにする。

ところで拓銀が破綻した1997年は、政府の金融制度改革やアジア通貨危機など内外で経済が混乱し、拓銀のほかにも巨額の不良債権処理にあえいでいた金融機関が次々に経営破綻に追い込まれた。文書の内容を紹介する前に、「日本経済の戦後最大の危機」ともいわれるこの年を、拓銀の株価とともに振り返る。

金融自由化にアジア危機も

日本経済の厳しい前途を暗示するかのような新年の幕開けだった。年明け最初の株式取引となった1997年1月6日、1万9千円台で始まった日経平均株価は、翌日から4日連続下落し1万7千円台に。96年6月に3500円台だった拓銀株は、9日に200円を割った。

混乱の原点は、橋本龍太郎首相が2カ月前の96年11月に打ち出した「日本版金融ビッグバン」（注1）だ。大蔵省による護送船団行政から決別し、2001年までに大胆な規制緩和を進める大改革だが、多くの金融機関はバブルの後遺症に悩まされていた。三塚博大蔵相は1997年2月、主要20行について「しっかり支える」と明言したものの、金融不安は払拭《ふっしょく》できなかった。NPO法人日本個人投資家協会理事の木村喜由《きよし》さんは「ビッグバンは正しかったが、金融機関が不良債権を抱えたままで始まったため、弱い者探しが起こった。都銀最下位の拓銀も標的になってしまった」と振り返る。

4月には消費税率が3%から5%に引き上げられ、夏以降に個人消費の冷え込みが表面化する。いったん2万円台まで持ち直した株価は8月に入ると再び下落基調に。7月にタイで始まった「アジア通貨危機」（注2）も市場の不安を増幅し、景気は悪化。金融機関の経営を圧迫した。

拓銀は4月に北海道銀行との合併、6月には英バークレイズグループとの業務提携を発表した。いずれも株価は、発表直後は反発するものの長続きせず、道銀との合併延期を発表した直後の9月17日、ついに100円を割る。

日経平均も10月28日に1万7000円割れ。株安の影響で、各金融機関が不良債権処理の原資に当て込んでいた株の含み益はどんどん目減りし、業績の足を引っ張った。

公的資金注入ためらう政府

だが、政府の動きは鈍かった。11月3日には準大手証券の三洋証券が経営破綻。それでも橋本首相は同月13日の国会で「わが国の経済の基礎的な条件そのものが急激に変化したものではない」とした上で、公的資金を使った銀行や証券会社の救済に慎重姿勢を示した。

背景には、1996年に経営破綻した住宅金融専門会社（住専）の不良債権処理に国が約6800億円を拠出したことへの世論の強い反発がある。元大蔵省幹部は「破綻前の金融機関に公的資金を入れる制度の導入は極めて難しかった」と話す。

国が経済危機の抜本的な打開策を打ち出せない中、低空飛行を続けてきた拓銀は11月17日に破綻。直前の株価は65円だった。24日に山一證券、26日に仙台に拠点を置いていた地方銀行の徳陽シティ銀行も破綻。この年、生保を含め10を超える金融機関が姿を消した。

バブル崩壊以降先送りしてきた金融機関の不良債権問題が、激変する経済情勢のうねりの中で極まった97年。この年の日本の経済混乱は世界各国で「反面教師」として語られ、ティモシー・ガイトナー元米財務長官は自身の回顧録で当時の日本の金融政策についてこう記した。「やってはならないことの見本だった。『寛容な監督』戦略をとり、資本不足の銀行の状況を悪化させた」

資金調達　苦闘克明に

北海道新聞が入手した拓銀の内部文書約3千枚のうち約700枚は、1997年春ごろから11月17日の「最期の日」までの綱渡りの資金繰りを記録した日報だった。外部環境が悪化する中、行員たちが懸命に資金をかき集めていた様子が読み取れる。

当時の経営幹部たちは、日報を基に「資金ポジション会議」と呼ばれる打ち合わせを連日開き、足りない資金をどう調達するか話し合っていたという。会議は毎日夕方、金融市場からの調達を担う資金証券部や融資部門担当の審査部など、札幌と東京の各部署の幹部ら約20人が電話会議の形で開催。日報には、翌日以降の資金不足額や調達見込み額などが詳しく記されている。

銀行が運用するお金は、個人・企業などから集めた預金や、金融機関同士でお金を融通し合う「コール市場」からの調達などで成り立っている。だが資金繰りに窮した晩年の拓銀は、融資先からの貸出金回収や、通常より金利を上乗せした定期預金の獲得にも奔走した。

内部文書はこのほか、全支店長を集めた際の会議録や、経費節減のため取引先へのお歳暮などの自粛を呼び掛ける行内通達、拓銀の経営不振を扱った報道に関する取引先への模範回答例などもあった。

競争か、保護か揺れた判断

浜田康行
北海道大学名誉教授

1997年に国内外で起きた激しい経済情勢の変化は、拓銀破綻にどのような影響を与えたのか。道内の金融事情に詳しい北海道大学の浜田康行名誉教授に聞いた。

拓銀の破綻は、旧大蔵省が長年行ってきた「護送船団行政」との決別という金融政策の大転換の過渡期に起きました。経営難に陥っていた拓銀にとっては、不幸な時期だったと言えるでしょう。

当時は日本版金融ビッグバンを導入する流れの一方、大蔵省が「大手行はつぶさない」と明言し、「自由競争の促進」と「国による保護」という、相反する二つの金融政策が共存していた状態でした。こうした中で深刻化したのが拓銀の経営危機です。救済するかどうかを巡り、金融当局の判断はかなり揺れたのではないかとみています。

金融ビッグバンは、欧米に比べて立ち遅れていた日本の金融システムを国際標準にする上で避けて通れない改革でした。しかし、当時は、拓銀を含め多くの金融機関がバブル期に抱えた不良債権の処理に苦しんでいました。改革を進めるに当たり、経営基盤の弱い金融機関に対する配慮がもう少しあっても良かったと思います。

大蔵省が意図的に拓銀を破綻させ、不良債権にあえぐ他行に公的資金を投入するきっかけにしたとの臆測も当時は飛び交いましたが、「見せしめ」の規模にしては大きすぎたことを考えても、私はあり得ないとみています。ただ、激変する経済情勢の中で国が判断に迷い、結果的に事態を大きくしてしまった側面は否めません。

注1　日本版金融ビッグバン

英国が1986年に行った証券市場の大改革の俗称にあやかって命名。ビッグバンは宇宙の始まりとされる大爆発のこと。日本では、銀行・証券・保険業間の垣根をなくして相互参入を認めたり、株式売買手数料を自由化したりするなど金融制度全般の規制緩和が盛り込まれた。政府は改革を進めることで金融機関の競争を促し、停滞していた東京の金融市場をニューヨークやロンドン並みに活性化することを目指した。

注2　アジア通貨危機

タイの通貨「バーツ」が投機的な投げ売りにあい、同国政府が1997年7月、固定相場制から変動相場制に切り替えたことをきっかけにした金融・経済危機。混乱は飛び火し、東アジア各国は通貨が暴落したり、自国からドルやユーロなどの外貨が流出して対外的な支払いが困難になったりするなどした。大きな打撃を受けたタイ、インドネシア、韓国は国際通貨基金（ＩＭＦ）の管理下に入った。日本にとっても97年以降の金融危機の一因とされる。

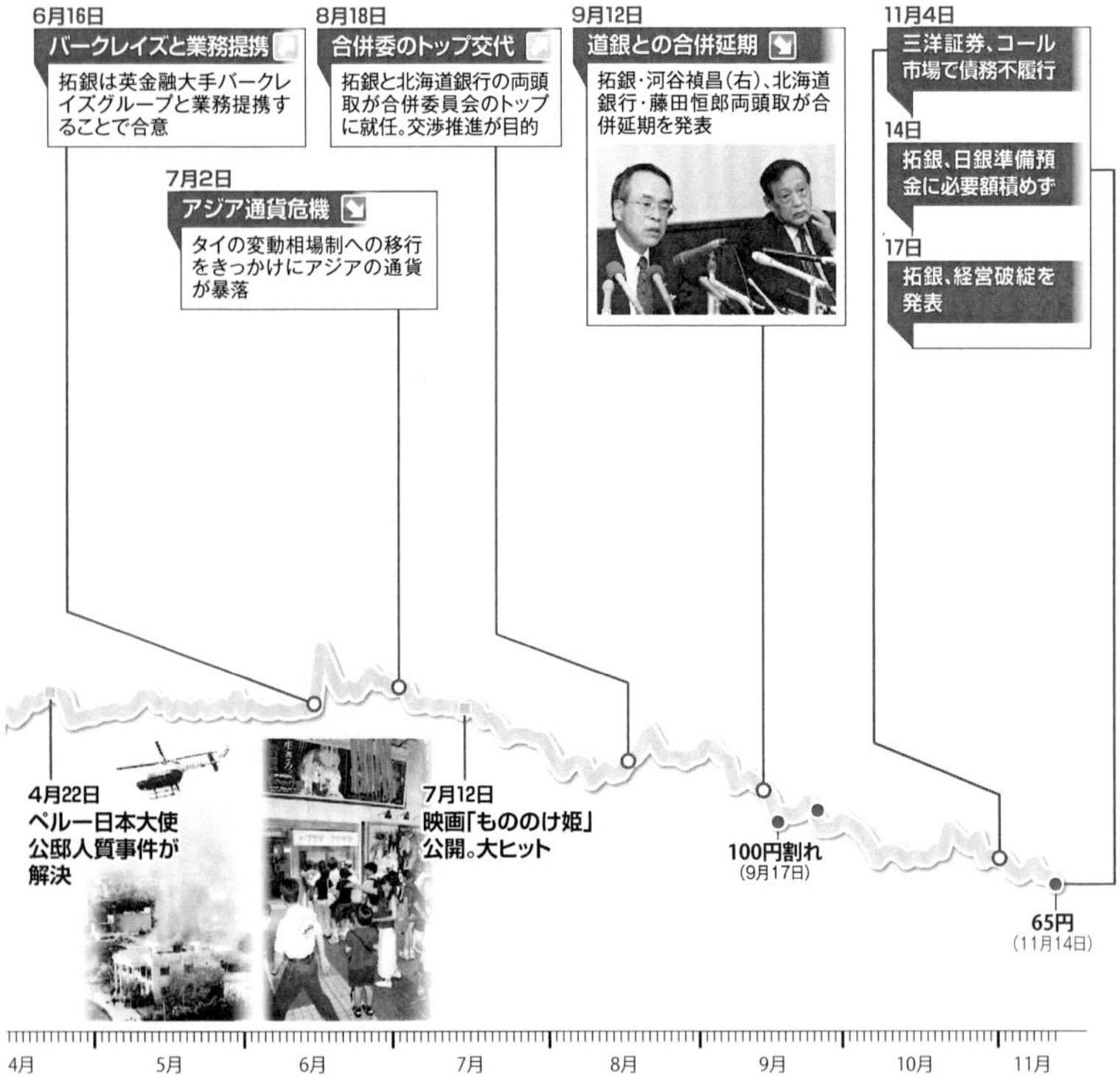
6月16日
バークレイズと業務提携
拓銀は英金融大手バークレイズグループと業務提携することで合意
8月18日
合併委のトップ交代
拓銀と北海道銀行の両頭取が合併委員会のトップに就任。交渉推進が目的
9月12日
道銀との合併延期
拓銀・河谷禎昌(右)、北海道銀行・藤田恒郎両頭取が合併延期を発表
11月4日
三洋証券、コール市場で債務不履行
14日
拓銀、日銀準備預金に必要額積めず
17日
拓銀、経営破綻を発表
7月2日
アジア通貨危機
タイの変動相場制への移行をきっかけにアジアの通貨が暴落
4月22日
ペルー日本大使公邸人質事件が解決
7月12日
映画「もののけ姫」公開。大ヒット
100円割れ
(9月17日)
65円
(11月14日)
4月
5月
6月
7月
8月
9月
10月
11月

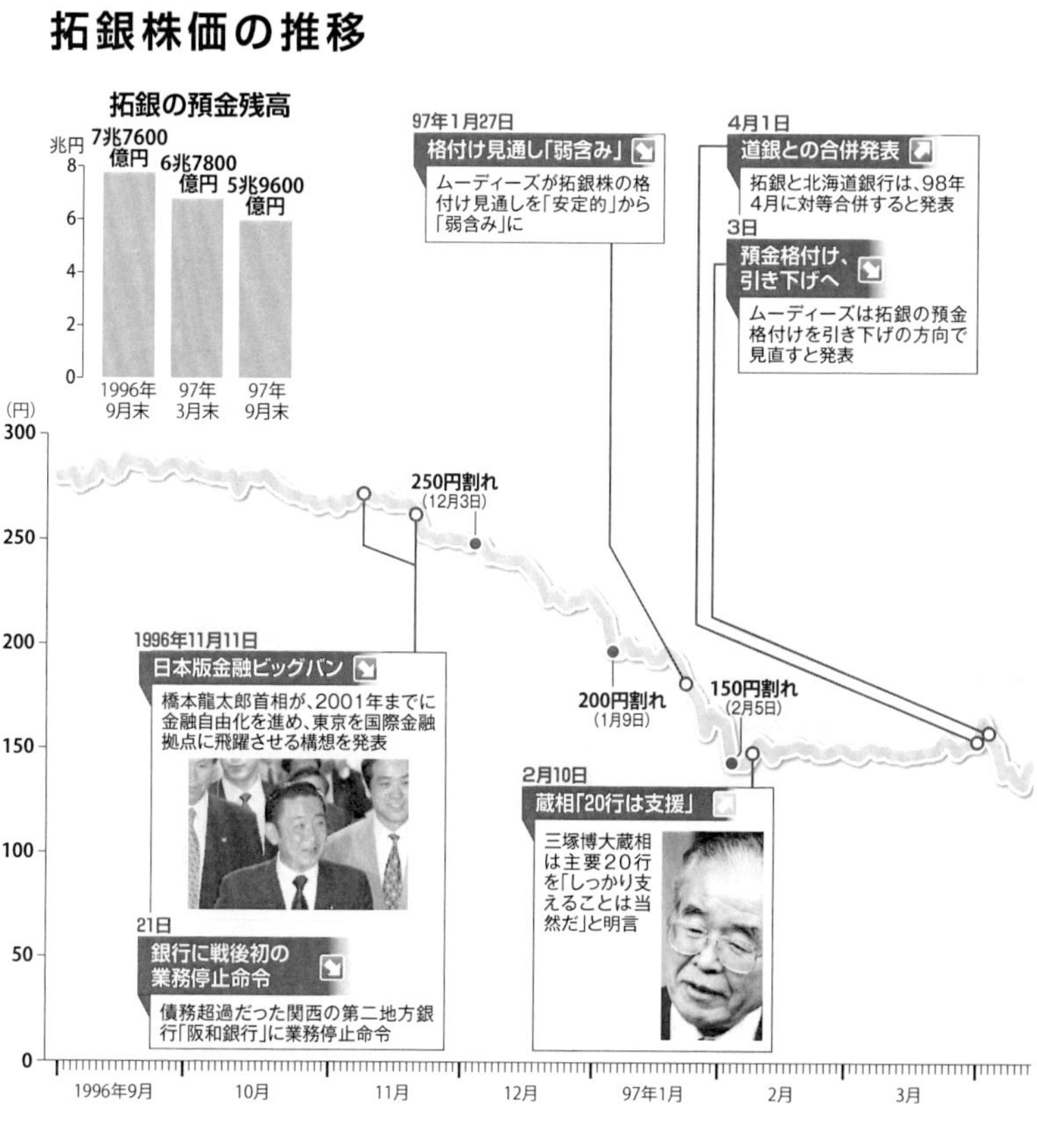
拓銀株価の推移
拓銀の預金残高
兆円
7兆7600億円
6兆7800億円
5兆9600億円
8
6
4
2
0
1996年9月末
97年3月末
97年9月末
(円)
300
250
200
150
100
50
0
97年1月27日
格付け見通し「弱含み」
ムーディーズが拓銀株の格付け見通しを「安定的」から「弱含み」に
4月1日
道銀との合併発表
拓銀と北海道銀行は、98年4月に対等合併すると発表
3日
預金格付け、引き下げへ
ムーディーズは拓銀の預金格付けを引き下げの方向で見直すと発表
250円割れ
(12月3日)
1996年11月11日
日本版金融ビッグバン
橋本龍太郎首相が、2001年までに金融自由化を進め、東京を国際金融拠点に飛躍させる構想を発表
21日
銀行に戦後初の業務停止命令
債務超過だった関西の第二地方銀行「阪和銀行」に業務停止命令
200円割れ
(1月9日)
150円割れ
(2月5日)
2月10日
蔵相「20行は支援」
三塚博大蔵相は主要20行を「しっかり支えることは当然だ」と明言
1996年9月
10月
11月
12月
97年1月
2月
3月

1996年11〜12月

金融改革で「標的」に

1996年11月7日、自民、社民、新党さきがけの3党による連立政権が幕を降ろし、3年3カ月ぶりに自民単独政権が復活した。その4日後の11日、橋本龍太郎首相は「日本版金融ビッグバン」の推進を三塚博大蔵相ら関係閣僚に指示した。「フリー」「フェア」「グローバル」のかけ声の下、規制緩和や市場原理の活用など大胆な改革で、東京を2001年までに国際金融市場に飛躍させることを目指すものだった。政府は、新時代に踏み出す高揚感に満ちあふれていた。

その10日後の21日、和歌山県の第二地方銀行、阪和銀行が経営破綻した。過大な不良債権で債務超過に陥り、大蔵省が経営継続は困難と判断。戦後初の業務停止命令による銀行破綻だった。三塚蔵相は「破綻処理は先送りしない」との大臣談話を発表した。

金融機関同士が自由競争するビッグバン時代に向けた程よいアピール――。大蔵省が阪和銀行破綻をそう考えていたとの見方がある。だが、当時は大型金融破綻への備えも安全網もなく、市場は敏感に反応した。

拓銀の内部文書には、行内回覧した外資系証券会社の26日付のリポートがとじられている。

「阪和銀行のような銀行破綻の広がりが懸念されている」
「当社は銀行を含めた金融機関の破綻処理はまだ続くと考えている」
「大手行の中にも破綻するところが出てくる」

最後の一文には下線が引かれ、衝撃を示す「！」のマークが書き込まれていた。

世間では第2の阪和銀行を探す空気が漂い始めていた。その標的の一つとみられていたのが拓銀だった。

影響は直ちに株価に表れた。市場は、国による「護送船団行政」の終わりと「淘汰《とうた》の時代」の始まりを実感し、金融株全体が「売り」にさらされた。そんな中、特に目立ったのが都市銀行の中で最も安値の拓銀株だった。

それまで270円前後だった株価は、阪和銀行破綻の後、目に見えて下落。12月中旬には220円前後と、1カ月ほどで2割近くも値下がりした。

拓銀の内部文書の中に、「当行株価問題」と題した12月19日付の打ち合わせ資料がある。

株価下落の構造的要因を「不良債権問題を主因とする当行への信用の揺らぎ」と分析。株の新たな持ち合い先獲得などを対策案として挙げている。

その余白に、閲覧した行員が手書きで次のように記述している。

「対策が遅い」
「低株価は経営者が大株主へ土下座すべき問題」
「200円を切ると営業基盤そのものが崩れる」

その懸念は年明けに的中することになる。

1997年1月

止まらぬ株価下落

拓銀株は1997年1月9日にあっさり200円を割り込み、終値は197円となった。信用不安の払拭《ふっしょく》と行内の沈静化のため、この日、企画部、営業企画部、資金証券部の3部長が連名で本支店全てに対して次の通達文書を出した。

「最近の株価推移は橋本首相の『日本版ビッグバン』発言を受けたもの」
「当行の経営上、株価下落につながるような新たな事実が発生した訳ではありません」

拓銀をはじめ金融界に突然の逆風をもたらした金融ビッグバンは、そもそもなぜあの時期に打ち出されたのか。「あまりに唐突だった。理解できない」と拓銀ＯＢは振り返る。当局の真意に対する疑念はいまも根強い。

当時、橋本首相の秘書官だった江田憲司衆院議員は「96年秋の衆院選後に『橋本改革』を打ち出した。当初ビッグバンは入っておらず、大蔵省の主導で後から加わった」と証言する。

改革の柱の一つは、省庁再編だった。大蔵省は住宅金融専門会社（住専）問題などの責任を問われ、与党は財政と金融の分離について議論を進めていた。「省の存在感を示して組織を維持・防衛するため、大蔵省はビッグバンを政治課題に潜り込ませ、首相も乗せられた」。江田氏はそう指摘した上で「金融機関の体力の実態が分からないまま実行し、破綻を招いた。タイミングを間違った」と振り返る。

そんな国の「思惑」を知るよしもなく、そのころの拓銀行内では株価下落の「次なるリスク」に対する懸念が広がっていた。

内部文書には次のような記述がある。

「現在のところ、預金に目立ったダメージは出ていないものの、このまま推移すると、場合によってはかなり危機的な事態もありえないとは言えない」

同じ文書では「気になる事例」を紹介している。

当行株価問題
安値更新中　12月19日前場終値=227円（前日比2円安）　出来高923千株
構造的要因：不良債権問題を主因とする当行に対する信用の揺らぎ
政策保有株式の持合い解消
短期的、足元要因：96年6月の信用買急増の期日到来
年末を控えた外人投資家の消極化
現在のところ、預金に目立ったダメージは出ていないものの、このまま推移すると、
合によってはかなり危機的な事態もありえないとは言えない。

「いくつかの営業店で預金の刈り込み（獲得）不成立」
「お客様サービス室等への顧客、株主からの苦情増大」

拓銀の株価はその後しばらく190円台を保っていた。しかし27日、米国の格付け機関ムーディーズが「安定的」としていた拓銀の格付け見通しを、弱含みの意味の「ネガティブ」に変更すると、値を下げ始める。

金融ビッグバンが始まりを告げた破局へのカウントダウン。株価と預金量が追いかけ合って下落する、急な下りらせん階段の縁に拓銀は立っていた。

1997年2月

動く外資　止まぬ風評

資金証券部幹部が2月6日、別の幹部に送ったファクスがある。

「ロンドン市場で外資によるカラ売り圧力は弱まるとの観測がありますが、（外資系金融機関の）リーマン・ブラザーズいわく『黒目（日本人）から借りている訳でなく、年金ファンドなど青目（外国人）同士が主体。まだまだやれる』とのこと」

「彼らの手口からすると、弱い株を狙い撃ちし、先物やオプションを巻き込んだ仕掛けで売っている。とても手に負えません」

カラ売りとは株主から株を借りて売却し、値下がりした時点で購入して返却する手法で、株価が下がるほど利益が出る仕組み。実力以上に株価が高いと思われた株がターゲットになることが多い。

外資の動きとともに、拓銀が株価下落の要因とみていたのが風評だ。同じ6日付の内部報告書は、首都圏の大手証券会社社員が「拓銀は危ないので株は勧められない」と顧客に説明していることが分かり、抗議したと記述。10日付の書類では、拓銀の行員が自行の株を買い支えるため札幌市内の証券会社を訪れたところ、窓口の職員から経営不安を理由に別の銘柄を勧められ、猛抗議したとある。

三塚大蔵相は10日、拓銀など主要20行について「しっかり支えることは当然だ」と明言し、大手銀行の破綻はないと示唆した。関係者によると、大蔵省と日銀は1996年12月ごろから拓銀と日本債券信用銀行（日債銀）は危機的状況にあるとして、幹部が水面下で再建策を練っていた。

だが、三塚発言に市場の反応は冷ややかだった。当時、金融機関でアナリストだった玉川大学の島義夫教授は「日債銀がかなり厳しいとみられていた時期で、不安が不安を呼び、個別の悪い材料がなかった拓銀株も引きずられた」と指摘。三塚発言は「混乱の中にあった市場への影響はなかった」とする。

三塚発言の2日後、拓銀行内では自らに言い聞かせるような、こんな文書が回覧された。

「ちまたで言われているような事態（経営破綻）が起きれば、北海道そのものが立ち行かなくなる。それは有り得ないことである」

現場の不満、幹部は「忍耐を」

「本部は何をやっているのか」「現場の状況を知っているのか」。先の見えない株価低迷で、株主や顧客からの苦情を受け続けた現場からは悲鳴が上がり、怒りは具体的な対応を取らない経営陣に向かった。頭取が記者会見して拓銀の先行きに対する懸念を払拭し、事態を沈静化すべきだとの意見も出た。

「（会見は）市場で当行について具体的なニュースがあるならともかく『株価』だけでは困難」「市場は変な動きをすると、かえってヤブ蛇です」

当時の役員が支店長あてに作成した2月12日付の「当面する業務運営についてのご連絡」と題した文書では、トップによるメッセージは難しいとの考えを示した上で、こう呼びかけている。


「大変なご苦労をかけている毎日。誠に厳しい局面であります」

「(顧客に) 粘り強く、辛抱強く説明し、納得を得るしかありません」

「行員は支店長の顔、背中を見ています。いらだちは分かりますが、忍耐も力です」

「言動は明るく振る舞う。大いなる演技力が支店長に求められています。祈ご健闘‼」


20日には、政府が金融機関の不良債権処理に向け、公的資金導入を検討しているとのニュースが流れた。これを受けて大半の金融株は上昇したが、拓銀株の価格は横ばいだった。


「なぜか外資系証券会社が230万株強も売りたたき。上げた道銀株とは好対照」

「他が急騰する中で頭を押さえられた印象を与え、『投げ (売り)』を誘う恐れ」

株価動向をまとめた内部の同日付報告書には、外資へのおびえと株価の先行きの懸念が記されていた。

異例の株価対策

拓銀の経営陣は、自行株の買い支えという非常手段の実施を真剣に検討し始めた。内部資料には、その様子が克明に記されている。

「HCB　600万株、TACT　200万株、たくぎんリース　100万株、TCK　100万株を予定し折衝中」

「親密先に（購入を）依頼。1社あたり10万株×40社＝400万株」

「当面の株価目標を200円とするが、外国人投資家が売りを浴びせる可能性が高く、一気に連日高値を避ける」

2月上旬の経営会議報告では、子会社4社に計1千万株を買い入れてもらうべく交渉していることなどを明らかにしている。

ただ、意図的、人為的に株価を引き上げることは、市場での公正な価格形成を妨げることから証券取引法で禁止されている「相場操縦」に当たる。

同じころに作成された「株価対策の留意点」という文書がある。


「過去、実際に相場操縦で刑事立件されたのは3件に過ぎない」

「要は証券取引等監視委員会や東証に注目されないよう、値動き、出来高が極端にならないよう十分注意することが肝要。事後の調査を想定して、行内には本件に関する文書は一切残さない」

「(子会社には)親会社である拓銀の指示の痕跡を残さない。自社の判断で自己資金をもって購入するといったことにする」

「行内担当部を窓口として発注するのは危険なので、証券会社に窓口を一任する」


文書では、子会社による買い支えが問題をはらむ行為であることを認めつつ、推進するよう促している。

24日付の「当行株『買い』増加策について」という文書では、行員向け融資を行う「共助会」の融資限度を引き上げたり、金利を優遇したりするなどして行員の「買い」を増やすと記述。「強制はできない」としながらも、次のような目標を掲げた。

「全行員1人最低10口の参加→年間3百万株の『買い』」
「総合職全員50万円借り入れ、当行株購入→1200万株の『買い』」

なりふり構わぬ対応を取った効果なのか、2月下旬の株価（終値）は148〜152円の狭い値幅に収まった。

サンプロの衝撃

1997年3月

3月3日付の、「緊急時の日銀対応リスト」という題名の文書がある。年度末を控え「格付け変更やマスコミ等の話題があった場合」と「大幅赤字決算などが明らかになった場合」について、日銀への連絡体制を定めたものだ。

恐れていたマスコミ報道のうち、拓銀ＯＢが「最も打撃を受けた」と口をそろえるテレビ放送が６日後の９日にあった。田原総一朗氏が司会を務める日曜午前の名物テレビ番組「サンデープロジェクト」。行名は伏せながらも、データから拓銀と類推できる銀行について、コメンテーターが「こうした銀行はつぶすべき」「つぶれても当たり前」「株価から見て破綻銀行」などと発言した。


「マスコミは興味本位で取り上げ報道姿勢もエスカレートしている」

「多くのケースは正当な取材もなく、憶測で報道している」

「前倒しでリストラを進め、期待以上のものが上がっている。危惧するような状況の変化は一切ありません」


放送後、行内に配られた広報室長名の文書には、このように書かれ、顧客や従業員の不安払拭に努めるよう呼びかけている。

13日には河谷禎昌頭取が、北海道新聞のインタビューに応じ、不良債権処理が順調に進んでいることやリストラの効果が出ていることを強調。３月期の業績について「当初予定通り黒字決算になる。経営環境は何も変わっていないのに、株価だけが下がり、不本意だ」と述べた。現場から要望のあった社外に向けたトップメッセージがようやく発せられた格好だ。

これらの対応や2月以降の買い支え効果があったのか、3月中の株価は2月下旬と変わらず150円前後で推移した。一方で、深刻さを増したのは預金の流出だった。資金繰り安定の基盤となる大口定期性預金（10億円以上）は、この月だけで5千億円減り、3月末の残高は、1996年10月末比1兆1千億円減の1兆8千億円となった。半年で4割が流出した計算で、拓銀に一定の信頼を持つ道民が多い道内よりも本

州の減少幅が大きかった。

29日、米格付け会社スタンダード&プアーズが拓銀の短期格付けを引き下げると発表した。同日付の行内事務連絡文書にはこうある。

「格下げの理由（S&Pの見解）は、①当行の不良債権水準が依然として高い　②金融当局のシステム維持に対する姿勢、能力が低下」

「特に②の要因が大きい。当行の状況変化というより金融システム維持能力全体に懸念を表明したもの」

何度も繰り返されてきた「格下げは拓銀自体のせいではない」という説明にうんざりする行員に4月1日、驚きのニュースが飛び込んでくる。

1997年4月

合併発表　効果は続かず

4月1日、市場から危ないとみられていた二つの銀行が再建策を発表した。日本債券信用銀行（日債銀）は大蔵省主導で複数の金融機関が出資する「奉加帳方式」の増資。そして拓銀は北海道銀行との合併だった。

多くの拓銀行員にとって、寝耳に水の発表だった。ドタバタぶりは、巨大な文字で「重要　至急」と書かれた、国際部長から各海外拠点への通知文書「国際業務からの撤退についてて」でうかがえる。

「まことに無念だが、道銀との合併と同時に海外業務からの撤退が機関決定された」

「不良債権処理の早期完了には、適用する自己資本比率を国内基準に統一することがやむを得ぬ選択であるという経営判断から」

「無念、断腸の思いがあると思うが、部門の枠を超えた経営判断。撤収を進めてほしい」

道銀との合併への市場関係者の反応は割れた。当時、行内で回覧された外資系証券会社のリポートは、次のように前向きに評価した。

「（合併で）拓銀が生き残る可能性と必然性は強化された」

「金融当局は、ようやく銀行問題の本格的な解決に乗り出した」
「97年は邦銀クレジット問題のターニングポイントとなるだろう」

再建策発表後も日債銀の株価は下落したのに対し、拓銀株は2日、11円上昇し2カ月ぶりに160円台に戻した。

しかし翌3日、米格付け会社ムーディーズが、合併を理由に拓銀の預金格付けを引き下げの方向で見直すと発表し、株価は8円下落。4日の終値は発表前日を下回る152円になった。

暗躍していたのは、またも外資だった。10日付行内レポートにはこうある。

「外国証券からの大量の売り（A社795万株、B社98万株）を浴び、安値を更新」
「3月までは150円が一応の下値めどと目されていたが、格下げ報道を受け売り水準を下げてきた」
「市場の一部は、合併を都銀からの脱落と受け止める向きがある」

そして、市場関係者の間で広がっているとして、次のたとえ話を紹介している。

「邦銀艦隊は、ビッグバンという海域に向け、単独操艦する予定であったが、日債銀号が座礁するに及んで全艦急停止。奉加帳方式で燃料補給。これでは艦隊全体の戦闘力は急低下。このままでは戦闘海域にたどり着けぬまま漂流してしまうのではないかとの懸念が高まってきた。ちなみに拓銀号は母港に急きょ帰投してしまった」

資金融通　市場は硬化

株価下落に加え、拓銀は日々の資金の確保に苦しむようになった。

銀行も資金繰りがつかなければ破綻する。拓銀は、ほかの大手銀行と同様、預金より融資総額の方が多い「オーバーローン」状態で、預金の払い出しなどに備え不足分を金融機関からの借り入れなどで補う必要があった。

主な資金調達の場は、銀行や生命保険会社など信用力の高い金融機関が日々の資金の過不足を調整する「コール市場」。借りた翌営業日に返済する「無担保コール翌日物」という取引が一般的だった。

拓銀は4月ごろからほぼ毎日、担当の役員や幹部ら約20人による「資金ポジション会議」を開くようになる。担当者が資金繰りの状況を報告し、調達手段などを議論。15日の会議向け資料にはこうある。

「現状3千億〜4千億円の調達不足（を見込む）」
「穴埋め手段『売渡手形1500億円』『コール1千億円……』」
「以上をすべて積み上げできれば、25日まではクリアできる」

大蔵省と日銀は、拓銀の動きに気をもんでいた。道銀との合併交渉が進まぬ中、資金繰りに行き詰まって突然破綻した場合、受け皿が決まっておらず、影響が大きいとみていたためだ。資金担当者は日銀に足繁く通い、綿密に連絡を取っていた。夜10時に呼び出され、午前2時まで説明や報告をしたこともたびたびあった。日銀とのやりとりで、いざという時の「日銀貸出」をめぐる議論がなされるようになったのもこのころだ。

14日の内部資料には、日銀担当者から電話で、念のため日銀貸出の際に差し入れる手元の手形類の確認をしておくよう指示され、このような言葉をかけられたと記している。

「日銀としては出来うる限り、日銀貸出は避けたい。ただ、6月までの資金繰りを拝見していると決して安心できる状況でない」

宮本内科
3F
Iwatani
たくぎん
北海道銀行
国民金融公庫
目先の対策（4/21～4/25）
※現状、▲3千億円～▲4千億円の調達不足
《穴埋め手段》
◎売渡手形 1,500（オペ次第ではあるが、目一杯入れる）
◎コール 1,000（MAXまで取りに行く）
◎ 200（直取コール：4/18スタート）
◎債券レポ 800（MAXまで積み上げる）
◎東京公務部 500（NEWMONEY）
◎生保 300（協力預金）
TOTAL 4,300
以上をすべて積上げできれば、4／25まではクリアできる
月末（4／28以降）は、なお▲1千億円～▲2千億円の不足が残っているが、
これについては、今週末のポジション会議で対策を検討する。
中長期対策

「貸し出しを実行すると、資金繰りに詰まっているということが明らかになってしまう。そうなった場合、預金の流出は加速してくると思われる」

「貸出実行となった場合でも現状からいくと今期中には返済はできないであろうと認識している。その段階では、リストラ、合併などと言っていられない。破綻である」

道銀との合併発表から3週間後の21日。株価低迷と日々の資金調達に苦しむ拓銀の経営会議で一つの資料が配られた。

融資回収と保有株式売却などで5月末までに3500億円を確保する計画は決定済みだが、今後、米格付け会社ムーディーズの拓銀の格付けが下げられれば、預金流出などでさらに6千億円程度の資金を失う可能性があると予測。追加対策として9月末までに同様の方法で新たに7500億円を生み出すとしている。

両期間を合わせると、株式など保有資産の売却は3千億円、融資回収は道内700億円、本州4300億円の計5千億円に及ぶ。株を持ち合って友好を深めていた取引先や、同業他社との激しい競争を勝ち抜いて獲得した融資を手放す、現場にとってつらい計画だった。

1997年5月　資金確保暗雲、硬化する日銀

資金確保は計画通りには進まなかった。保有する企業株の売却について、5月ごろと思われる行内文書にはこんな記述がある。

「大手電機は、株式売却を機にすべての取引が解消」
「流通大手には、『同じく株を持ち合っている道銀からは何もないのになぜだ』とただされ対応苦慮」
「水産大手（の株式売却）には、水産関連取引全体への影響を検討させてほしいと支店が強く抵抗」
「（ほかの問題も含め）この結果、売却額は予定を大きく下回る見通し」

他金融機関からの資金調達にも暗雲が立ちこめる。担当者が12日、ある金融機関を訪ねた際の報告書。コール市場での資金融通の継続要請に、金融機関側は「拓銀への市場の見方が厳しくなっている。うちだけが資金を出し続けるわけにはいかない」とし、融通額を減らすと答えた。

協力を求めて金融機関を回る動きが逆に資金繰りに窮している印象を強め、拓銀はますます信用力を落とした。その日その日の資金はかき集められても、1週間後のめどが立ちにくい状況が続くことになる。

融資回収については、5月下旬、約170社への貸し出しを「維持」「圧縮」「撤退」に

3分類したリストが作られた。ある拓銀OBは「資金繰りが厳しい会社からは融資を回収できず、必然的に優良先に返済を迫ることになった。結果として利益を削り、不良債権比率を高めることになった」と振り返る。

資産圧縮に手こずる拓銀に、日銀は厳しい視線を向けた。26日の報告書では、拓銀幹部が日銀の担当者から次のような言葉を掛けられたと記している。

「頭取の号令の下、資産圧縮していくことを組織決定したと聞いていた」

「地方公共団体向けの融資を圧縮したというが、これは大蔵省が音頭を取ったもの」

「株式売却も4カ月前から進めていれば500億円程度はできたはず」

「いったいだれの資金繰りをやっていると認識しているのか。やる気はあるのか」

報告書を執筆した幹部は、こうまとめている。

「当行に対し、日銀が突き放したというか、あきらめの域に来たという感触を得た」

「しかし、負けていられません。何としてもこの局面を乗り切って行きたい」

実際には日銀も必死に「延命措置」に取り組んでいた。元日銀幹部は「拓銀に資金ショートされては困る。ほかの金融機関に、拓銀に資金を融通してと頼み込むことがしょっちゅうあった」と打ち明ける。

1997年6月

荒れる合併委員会

4月に発表した道銀との合併交渉は、同月下旬に開かれた合併委員会で早くも暗礁に乗り上げた。拓銀の内部資料「合併交渉記録」によると、道銀側は拓銀側のリストラなどの進捗状況によって「合併延期もありうる」と主張。

5月1日の頭取会談では、道銀側が「合併に当たっての確認事項」という文書を提示した。①銀行名は『新北海道銀行』②新銀行は都銀ではなく地方銀行に③本州店舗は極力縮小――などの内容で、合意できない場合、「不良債権資料の交換はストップする」と通告。協議は3週間あまり中断した。

6月16日、拓銀は英国の国際金融グループ、バークレイズとの業務提携を発表。その3日後の19日の合併委員会は荒れた。交渉記録にはこうある。

道銀側「拓銀の不良債権が多すぎ、新銀行の経営が成り立たない」
拓銀側「新銀行が成り立たないというのは極論」「不良債権については合併合意時に知っていたはず」
道銀側「委員4名は辞職覚悟で反対する」

23日、両頭取は北海道新聞のインタビューに応じる。合併延期や破談の可能性について問われた拓銀の河谷頭取は「そんなことは考えていない。まだ6月ですよ」と述べた。一方、道銀の藤田頭取は、そうならないよう協議しているとしつつ「不良債権の認識について、あいまいなままではやりたくありません」と説明。対外的にも温度差は隠しきれなくなっていた。

1997年7月 進まぬ協議、貯まる不安

道銀との合併交渉に目に見える進展がない中、融資圧縮など資金確保に追われる現場の苦悩は深まるばかりだった。その一端は、7月7日から3日間行われた中堅行員研修での

声をまとめたリポートから読み取ることができる。

「全般的に取引先無視の仕事が多すぎる。取引先より本部からのノルマを重要に考えざるを得ない状況」

「資産圧縮（融資回収）で優良な企業との取引維持も難しくなってきている。これが継続されればわれわれのメシの種がなくなってしまう」

「資産圧縮の大号令のもと、取引先に多大な迷惑をかけ、もはや銀行とはいえない状況を呈している」

リポートには、「起死回生策としての道銀との合併も市場に評価されず、むしろ事態の悪化に拍車を掛けている」との失望や、「あすにも何があるか分からないという恐怖が毎日繰り返されており、恐怖とリストラが行員の士気・モラルの低下を促している」など、不安や、将来展望を示せない経営陣への怒りが記されている。

しかし、合併協議は難航の一途。拓銀の合併交渉記録によれば、7月3日の合併委員会では「北海道のためになんとか合併を成功させたい」と呼びかける拓銀側に対し、道銀側は「4月合併は無理」「拓銀にMOF検（大蔵省検査）が入れば不良債権は増え、新銀行はもっと立ちゆかなくなる」と訴えた。

11日の頭取会談では、次のようなやりとりが行われた。

道銀・藤田頭取「合併はご破算にして、条件が整うまで個別に合理化を進めるべき。白紙還元に応じられないなら、最大限の譲歩として別会社を設立し、独立機関として準備を進めさせる」

拓銀・河谷頭取「提案された別会社形態は疑問。検討する時間が必要」

15日には藤田頭取が会見で「9月末までに不良債権に関する共通認識ができなければ、来年4月の合併は不可能」と述べ、合併延期の可能性を初めて公式に認めた。

合併が不調に終わるとの見方は急速に広がった。顧客からの苦情に対応する「お客さまサービス室」の24日付「苦情等受け付け報告書」には、60歳前後の男性が大手証券会社幹部から聞いた話として、このような電話があったと記録している。

「合併延期はほぼ確実。破談の可能性も大。合併合意自体が会社更生法申し立てまでの時間稼ぎで本音は合併するつもりはないのではないか。真偽はともかく会社更生法のうわさはかなり伝わっている。持っている株は早々に手じまいした方が良い」

1997年8月

冷え切る2行の関係

合併協議の不調を受け、7月中旬まで140円台だった拓銀の株価は、8月1日に125円、4日に119円と急落した。止まらぬ預金流出と信用不安拡大に直面する本州の支店長62人が4日、連名で出した行内向けの声明がある。

「(道銀との1998年4月合併は) まさに対外公約であり、両行は万難を排し、これを実現させなければならない」

「両行職員は『北海道の新たな発展への貢献』という大義の旗の下に連帯し、合併に向けた準備を粛々と進めて行かなければならない」

声明は、道銀との合併を成功させるしか拓銀が生き残る道はないとの悲壮な決意に満ちていた。

しかし、合併交渉記録によると、4日後に開いた交渉再開に向けたトップ協議でのやり取りは次の通り。

道銀・藤田頭取「拓銀の不良債権額ではとてもじゃないが合併は不可能。新銀行になってもすぐに破綻する。来年4月1日は無理。延期を発表しよう」

拓銀・河谷頭取「延期すると言っても、世間が納得する内容と方向が必要だ。実質的な議論がなければ話にならない」

不良債権をめぐる認識を詰めることが最優先として合併延期を提案した藤田氏に対し、河谷氏は、決定を先送りさせるのが精いっぱいだった。

内部資料の中には、1997年4月以降の毎日の資金繰りを記録した日報が残されている。8月11日分の備考欄には、「本日預金が6兆円をきっています（速報ベース）」と書かれている。信用不安の高まりで預金の引き出しは止まらず、拓銀の預金残高は、96年9月末7兆7600億円、97年3月末6兆7800億円と減少の一途だった。

8月14日、一部全国紙が「拓銀・道銀、合併延期を検討」と初めて報道。15日にはついに堀達也知事が河谷、藤田両頭取と会談し、合併協議推進を要請する。その3日後、両行は、両頭取が合併委員会のトップに就くと発表。表面上は協議を進める態勢を整えたと演出した。

ないという現状の当行の危機的状況を認識した上での
発表されたが、経営には引き続きわれわれ行員をも
れない、そしてより具体的な方針、施策を打ち出し
行員からの声の吸収にも努めてもらいたい。（東
多大な迷惑をかけ、もはや銀行とはいえない状況
のような事態を起こさないよう経営（融資）理
たか疑問を感じる。支店起案者を積極的に指導
り、失敗点の徹底追及とその還元、反省が必
平成9年8月4日
声　明
北海道拓殖銀行
本州地区支店長一同
我々北海道拓殖銀行本州地区支店長62名は、北海道銀行との合併に向けて、本日下記の決議をもってここに声明する。
記
1　本年4月1日に発表した「平成10年4月1日を目処とする北海道拓殖銀行と北海道銀行との合併」はまさに対外公約であり、これを実現させなければならない。

内部文書には、発表内容とはまったく異なる両行のやりとりが残っている。道銀は「不良債権及びその見込み額について両行の間に大きな認識のギャップがある」ことなどから「両行は、予定通り合併を行うことは不可能と判断しました」という文書を8月中に共同発表することを提案していた。「不可能」の意味を問

う拓銀側に対し「それはこれからの協議。『98年4月1日の延期』から『白紙還元』まで幅がある」と説明した。4月の合併発表会見で「恋愛結婚」（藤田氏）とまで表現した両行の関係は、すっかり冷え切っていた。

このころ、拓銀と日銀の担当者が行った情報交換のメモがある。

日銀「MOF（大蔵省）、日銀とも『延期』といっても破談不可避との認識だ」

拓銀「情勢判断としてはその通り。当行は道銀の提案を受け、延期やむなしの方向に進まざるを得ない。そうなれば多少の時間は稼げる」

合併延期が表面化した場合、経営上どのような打撃を受けるのか、外部の意見を探った記録も残されている。

「期限付き延期であれば市場の反応は現状のままだと思うが、無期延期とか合意の破棄となれば非常に厳しい事態になりますよ」（8月27日、短資会社）

「アウトでしょうね。合併はゴールではなくスタート。そんなことになっては、預金者

もついてこないでしょう」（9月2日、大手金融機関）

道銀側の懸念

当時は経営不振の銀行に公的資金を投入する制度もなく、道銀内部には巨額の不良債権を抱えたままの拓銀と合併すると、道銀もつぶれるのではないかという危機感があった。道銀関係者は「道銀と一緒になっていれば拓銀はつぶれなかったとよく言われるが、あのとき一緒になっていたら共倒れしていたと思う」と振り返る。

景気も曲がり角に来ていた。1996年11月に発足した橋本龍太郎内閣は財政改革路線を掲げ、97年4月の消費税率5％への引き上げや所得・住民税の特別減税廃止、医療保険改革を実施。国民負担は3施策合わせて9兆円増えた。

負担増で冷え込んだ個人消費や企業の設備投資は、夏を過ぎても復調せず、バブル崩壊後にようやく光明がみえていた景気は失速。金融機関の経営の足も引っ張った。内閣府によれば、景気は97年6月に後退期入り。底を打ったのは1年7カ月後だった。橋本氏は2001年、「緊縮財政をやり国民に迷惑を掛けた」と失政を認めている。

ついに延期発表

1997年9月

「合併を無期延期」「不良債権対立解けず」。9月に入ると合併延期に関する報道が相次いだ。9月8日の拓銀の株価は109円と110円を割る。お客さまサービス室には「倒産会社の株価だ」「100円を割るようなことがあれば回復できない」「取り付け騒ぎが起きるのではないか」など、批判や懸念の声が寄せられた。

拓銀・河谷頭取と道銀・藤田頭取は9月12日、記者会見を開き、ついに合併延期を発表した。ここでも延長期間を「6カ月」と説明する河谷氏に対し、藤田氏は最後まで期間を明言せず、対立の深さを感じさせた。

その日、河谷氏が行内向けに出した合併に関する文書の補足欄にはこうある。

「(発表文では)『合併期日は未定』としておりますが、補足説明として『めどは6カ月とする』旨発表しております。行内外には併せて説明するよう留意願います」

「6カ月」のところには、閲覧した行員によると思われる書き込みがあった。

「当行だけが『ウソを言う』リスクを負う」

道銀との合併延期発表から2営業日後の9月17日、拓銀の株価は終値で93円となり、100円を割り込んだ。東京都内の各支店の情報をまとめた19日の文書で、顧客と行員に与えた衝撃が読み取れる。

「(顧客が) 虎の子の預金なくしたくないと真剣。『対処が後手後手。定期預金を解約して経営者にショックを与えるしかない』」

「先週は分かったと言った先が、今週は息子に言われてと解約」

「入行3年目の行員、親から言わ

れて退職検討中」

「株価がきつい。電話がバンバンかかってくる。取ると解約の話で取りたくなくなる」

同じ19日付文書では、株価対策として役員から「OB会で自主的に拓銀株の購入を決議したことをマスコミにリークしたい」と相談され、「リークは株価操縦の懸念が強い。お気持ちは痛いほど分かるが、正攻法で乗り切りましょう」と回答したとの文書もあった。

富士山がアイガーに

合併延期以降、拓銀は、預金が急激に流出し、決済や支払いに充てる資金が慢性的に不足するようになる。日々の資金繰りの状況をまとめた日報の備考欄には9月下旬にかけて、「いよいよ正念場を迎える状況」「無担保コール放出先が徐々に限られてきました」「預金の減少が顕著の状況」など、緊急事態を告げる文言が増えていく。

河谷頭取は、生命保険会社など金融機関に1500億円の資本増強を要請するほか、全店舗の2、3割の統廃合、1500人の人員削減を進めて経営健全化を目指す方針を打ち出していた。ただ、増資について「配当の見込みも薄いのに、少し無責任」（大手生保社長）と批判の声が上がるなど、実現性には疑問符がつき、信用回復にはつながらなかった。

中間決算の節目である9月末を控え、同月24日付の拓銀幹部と日銀担当者との面談記録には次のようなやりとりが残されている。

日銀「資金繰り上の期末越えの厳しさをどう感じていますか」

拓銀「富士山の8合目を登る調子と思っていましたが、アイガー北壁を登はんする難度であると感じています。合併延期の発表後、予想以上のスピードで預金者やマーケットの反応が悪化しました」

日銀「何度も言っていますが、日銀が貸し出しするつもりはありません。御行の中に本行からの貸し出しを期待している向きはありませんね」

1997年10月

その場しのぎの対策、募る閉塞感

拓銀株が終値で90円割れした10月6日、行内会議向けの「発言原稿」と題した文書には、資金繰り担当者の切実な思いがつづられている。

「希望的施策の実現を織り込んでも（資金繰りは）超低空飛行を今週も免れそうにありません」

「必死に耐えているのは間もなく大戦略が発表され、必ず良い転機が訪れると信じているからです」

「ぜひ早く転機をもたらす戦略を決めて頂きたい」

「調達サイドはもう限界です」

だが、信用不安の増幅は止まらず、8日の株価は80円割れ。日報には「どのような対策を講じるのか議論している時間はなく、行動あるのみです」と書き込まれた。

少しでも顧客の信頼を回復したい――。そんな思いからか、同月下旬、副頭取名で各支店長に一通の文書が送られた。

ライオンズクラブなどからの脱退をはじめ、接待や中元、餞別《せんべつ》の受け取り、団体による銀行の外での飲食まで自粛を求め、こう指示している。

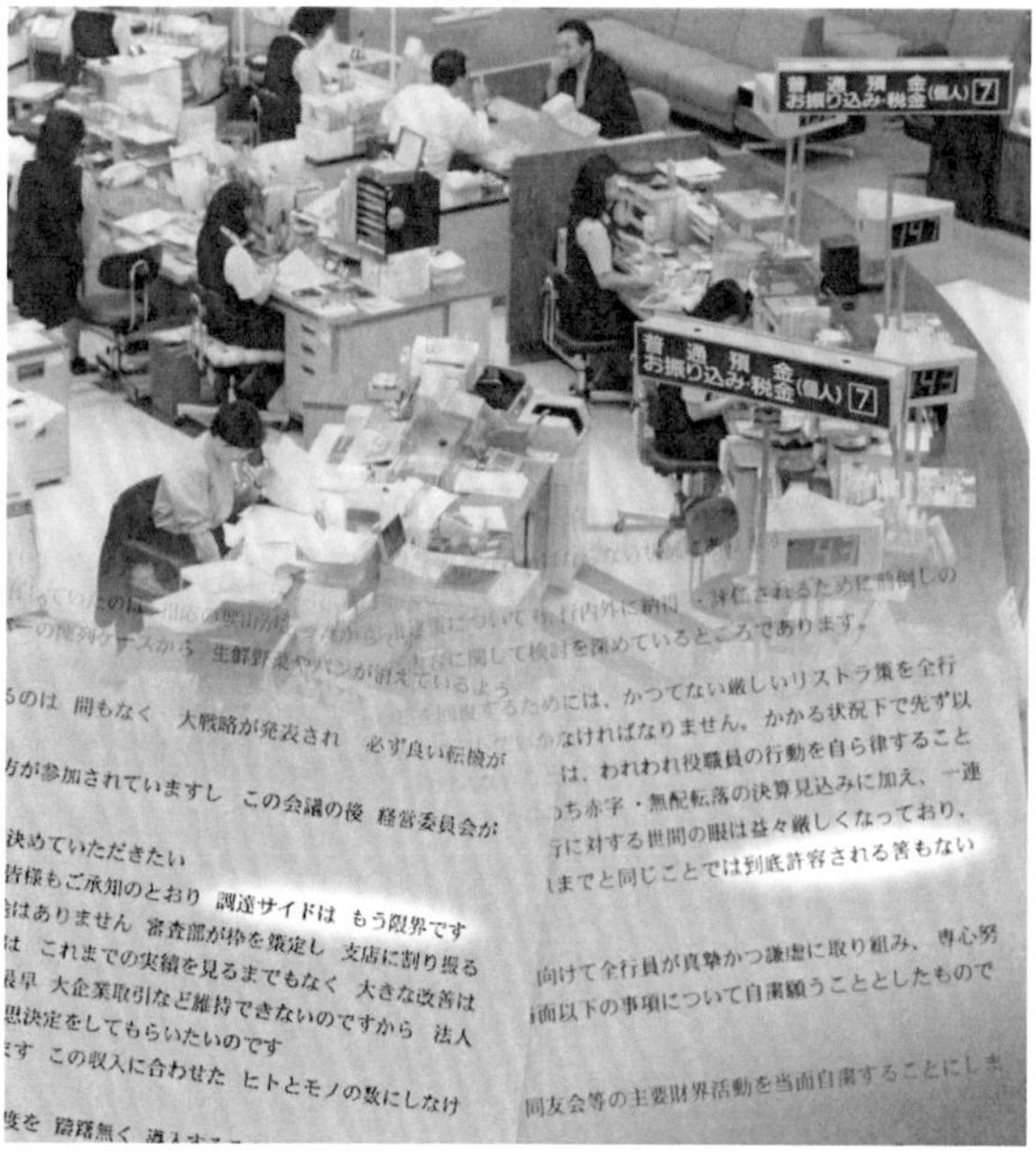

「世間の目は益々厳しくなっており、行内外での役職員の行動についてもこれまでと同じことでは到底許容されるはずもない」

「営業活動と不即不離の関係にあり、相当困難を伴うと思われるが、いま最も必要なことは全店・全役職員が再建策に一丸となって取り組む姿勢を示すこと」

同じころ、閉塞《へいそく》感漂う拓銀行内を大蔵省の検査官たちが動き回っていた。14日から始まった金融検査のためで、検査官が不良債権などの資産の精査を進めていた。

検査結果で拓銀の命運は大きく左右されることになるが、検査に対応した元行員は、検査官たちの雰囲気がどこか楽観的に見えたことを覚えている。「われわれは拓銀をつぶさないために来たんです」。雑談で、そんな軽口を言う検査官もいたという。

拓銀は1994年12月から制度が廃止される96年9月まで、大蔵省が財務内容を詳しく監督する「決算承認銀行」に指定されていた。そうした流れから「債務超過」の判定はないだろう、「資産超過」が認められれば時間を稼げ、次の手を打てるかもしれない。「行内では、そんな考えが大勢だった」と元行員は振り返る。結局、検査終了を待たずに拓銀は最期を迎えることになる。

「本店＝大口定期の信用不安による解約35件▲９９６Ｍ（Ｍは百万円）」
「留萌＝▲61Ｍ。うち当行大株主が無配に対する抗議の解約▲20Ｍ」
「大谷地＝▲１３２Ｍ。合併延期発表後、大口先の解約が発生」

各支店の状況をまとめた21日付の文書には、現場の切実な声がぎっしりと詰まっていた。「いま必要なのは、納得感のある具体的な再建策を実施すること（本店第二部）」「よい取引先が他行に取られてしまうので合併をするしないを明確にすべき（篠路）」。文書には、現場から経営陣に難局打開へ抜本的な対策を求める声も上がった。これに対し、31日の金曜日、拓銀の副頭取名で全支店長あてに極秘に送られた文書は、次の指示だった。

「全店において、10月末現在の貸出残高の2％を圧縮すること」
「（連休明けの）11月4日から7日までに完了のこと」
「11月10日以降の新規貸出については原則としてストップする」

個人の定期預金の流出、市場での資金調達難航などにより資金繰りが危機的な状況にあることを受けたその場しのぎの緊急対策。だが、連休明けに待っていたのは、綱渡りだった拓銀の資金繰りをさらに絶望的な状況に追いやる事態だった。

1997年11月1日〜13日

三洋ショック直撃

祝日の11月3日、中堅証券会社の三洋証券が会社更生法を申請し、破綻した。同社には4日に金融機関同士が短期間の資金を融通しあう「コール市場」で返さなくてはならない借入金があった。

法的手続きに従い裁判所が財産の保全命令を出したため、返済できなくなる「債務不履行」（デフォルト）が発生した。返済できなかった金額は90億円余り。数千億円単位で資金が動くコール市場にとって多い額ではない。

だが、金融機関同士の信頼と日銀の監視の下で運営され、貸し倒れが起きるはずのないコール市場での戦後初のデフォルトは、金融界に未曾有のパニックを巻き起こす。

実は三洋証券の処理は大蔵省主導だった。必然的に引き起こされるデフォルトについて事前に省内で議論していた形跡はなく、当局は影響を過小評価していたとみられる。

5日、東京・日本橋の拓銀東京本部にあった資金証券部の幹部行員が作成した、日銀営業局幹部とのやりとりを報告するメールが残っている。日銀幹部はこう諭したという。

「日銀としては銀行と証券会社は違うと市場に説明しているが、資金繰りの厳しいところはあぶり出され、いずれ市場のウワサになる」

「三洋ショックはこれから市場に出てくる。御行は非常に厳しい状況にあることを自覚願い、一刻も早く資金繰りの安定化、とりわけ貸し出しの圧縮に取り組んでもらいたい」

「営業局としては、御行を最も注意を要する銀行として認識しています」

幹部行員は「これまでとは違い、屈辱的かつ厳しい言い方をされた」と報告している。

拓銀の資金繰り状況を記録した日報によると、10月中は毎日700億〜800億円台を確保できていたコール市場での資金融通の基本となる無担保資金の借入額は、「三洋ショック」が起きた11月4日の週は400億円に低迷。週明け10日は一気に300億円強にまで落ち込んだ。

三洋証券が起こしたコール市場でのデフォルトについて、拓銀資金証券部が説明した行内向け文書が残されている。

「今後（コール市場の）参加者は自己責任を貫き、リスク管理を強化していく」

「当行はコール（市場）に過大に依存しており、非常に危うい資金繰りを余儀なくされており、その改善が喫緊の課題」

文書は、融資圧縮への協力を求め、こう続いている。

「いまや時間は当行にとって味方にはなっていない」

ある拓銀ＯＢはこのころ、日銀から「英語版の会社案内を提出して」と言われたことを覚えている。その通りにすると、すぐに付き合いのない外国の金融機関から資金融通の申し出があった。ＯＢは「日銀が裏から手を回してくれた」と理解し、「最後は日銀が何とかしてくれるかもしれない」と期待したという。

7日、拓銀株の終値は69円となり、70円を割り込んだ。その日の日報の余白には「三洋ショック——中堅証券はＭｏｎｅｙを取れない」「道内地方公共団体、基金の他行流出の動

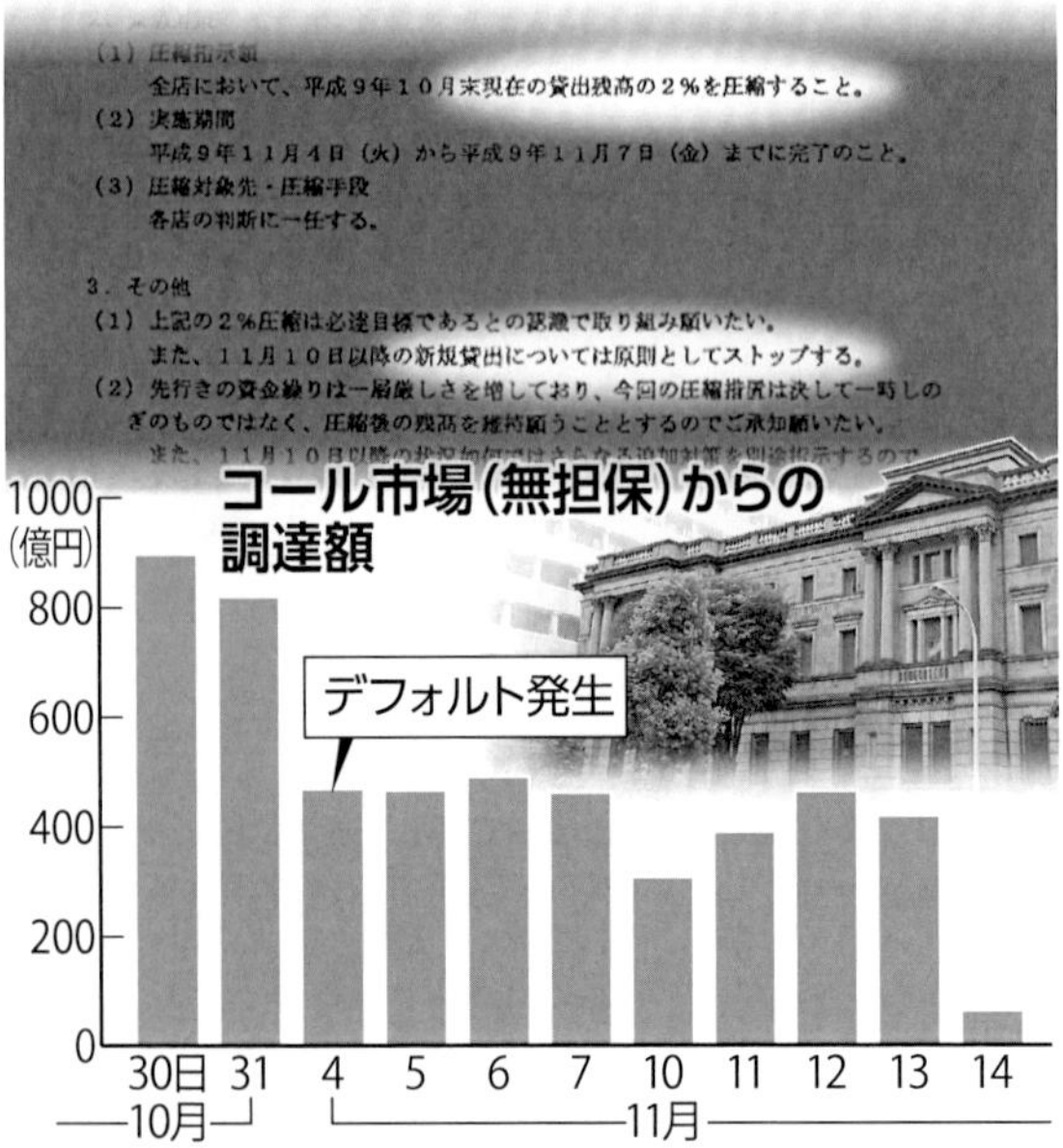
(1) 圧縮指示額
全店において、平成９年１０月末現在の貸出残高の２％を圧縮すること。
(2) 実施期間
平成９年１１月４日（火）から平成９年１１月７日（金）までに完了のこと。
(3) 圧縮対象先・圧縮手段
各店の判断に一任する。
3. その他
(1) 上記の２％圧縮は必達目標であるとの認識で取り組み願いたい。
また、１１月１０日以降の新規貸出については原則としてストップする。
(2) 先行きの資金繰りは一層厳しさを増しており、今回の圧縮措置は決して一時しのぎのものではなく、圧縮後の残高を維持願うこととするのでご承知願いたい。
コール市場(無担保)からの調達額
1000 (億円)
800
600
400
200
0
デフォルト発生
30日 31 4 5 6 7 10 11 12 13 14
10月
11月

きあり」「頭取＝岩盤を突き破る努力を」「日銀＝資金繰りが最大級の関心事。ご努力をお願いしたい」と、緊迫感の高まりを感じさせる書き込みがあった。

そして14日。拓銀東京本部の資金証券部では、いつものように資金調達の作業が始まった。「あの日は朝から何か空気が違っていた」と元行員は振り返る。

準備預金足りず終局

1997年11月14～17日

14日の金曜日、資金調達を担当する拓銀東京本部の資金証券部は、朝から緊迫した雰囲気に包まれていた。金融機関同士が資金を融通し合うコール市場で、当てにしていた「出し手」が、示し合わせたように応じてくれず、同市場で夕方までに確保できたのは61億円。前日の7分の1にすぎなかった。

手形交換や為替など対外的な決済に必要な資金は何とか確保。最後に残ったのが日銀準備預金の積立金だった。

金融機関には日銀に預金残高の一定割合を「準備預金」として積み立てる義務がある。14日は11月の積み立ての最終日だった。「まだ資金の注文を出しているんですか」。午後4

時すぎ、日銀から拓銀の担当者に電話が入った。「これ以上続けるとうわさが立ちます。おやめなさい」。拓銀は進言に従った。資金繰りの状況を記したこの日の日報には、余白に担当者の手書きでこんなメモがある。

「所要372に対し実績232→140積み不足」

日銀準備預金の必要額372億円のうち、232億円しか確保できず、140億円が積み立て不足になったことを示したものだ。

同じころ、河谷頭取は東京・丸の内のパレスホテルに向かっていた。河谷氏は、「ホテルの部屋で大蔵省側から破綻処理を言い渡された。通告であり、受け入れるしかなかった」と述べている。

そんなことは知るよしもない資金証券部の担当者は夕方、日銀に出向き、「積み不足」の罰則として300万円の過怠金を支払うよう通告された。元行員はこう振り返る。

「『積み不足は拓銀初の不名誉だが終わりではない。来週も頑張ろう』と思った」

資金繰りの会議終了後、札幌の企画部の数人はジンギスカンを食べに出掛け、週明けからの奮闘を誓ったという。

しかし、拓銀は15日午後、破綻処理と道内事業の北洋銀行への営業譲渡を決定。16日には、発表後の預金流出に備え、日銀から大量の資金が各支店に運ばれた。そして17日月曜日の朝、河谷頭取らが経営破綻を発表。本店や東京の中枢部門の幹部、支店長らを除く大半の行員は、その朝まで破綻を知らなかった。

対外的な債務や決済不履行ではなく、日銀準備預金という当局との資金融通の問題を契機に破綻に至ったプロセスには、今も元行員らから疑

問の声が絶えない。拓銀破綻2年前の1995年12月には、ある大手都銀が積み立て不足の瀬戸際まで追い詰められ、日銀からの借り入れで救済されたケースが後に表面化した。拓銀東京本部に勤務していた元行員は「11月14日に無担保コールの資金がなぜピタリと止まったのだろうか。もっと頑張れなかったのか」と自問する。

企画部の経験が長い元行員はこう解説する。

「当局は、危ない銀行が拓銀を含め数行の時は気遣いもしてくれた。三洋ショックで上位行にも危機が広がり、手が回らなくなったのではないか。金曜日を見計らい、崖の先端にいた拓銀が真っ先に見捨てられた可能性が高いと思っている」

破綻発表の17日、東証1部の平均株価は前週末に比べて1200円高い1万6283円で引けた。拓銀破綻で高まった金融機関への公的資金導入への期待感のためとされた。市場の「期待」通り、住宅金融専門会社（住専）の処理で批判が高まって以降タブーとなっていた公的資金導入の議論は一気に進む。98年2月、金融安定化関連法が成立。不良債権処理のために公的資金を使う枠組みができた。

それでも危機はやまず、98年10月に日本長期信用銀行、同12月には日本債券信用銀行が破綻。日本経済は長いデフレのトンネルへと突入する。

第三章

危機に学ぶ8人の論点

拓銀が経営破綻した1997年以降、国内の金融機関は再編・淘汰《とうた》の時代に突入する。大手銀行は2000年代にかけて三つのメガバンク（巨大銀行）を中心に集約され、道内でも信金・信組の合併や経営統合が急速に進んだ。日本の金融地図の変遷を振り返る。

バブルのツケ　統合加速

「当時の設備、債務、要員という『三つの過剰』は解消された。金融システム全体に大きな影響を及ぼすリスクは蓄積されていない」。2017年10月、全国銀行協会の平野信行会長（当時）は記者会見で、1997年以降の金融危機で銀行などが受けた傷は完全に克服したとの認識を示した。

三洋証券、拓銀、山一證券が97年11月に相次いで破綻した後、経営が厳しい金融機関との取引を敬遠する市場の動きはさらに強まり、翌98年には日本長期信用銀行と日本債券信用銀行が破綻に追い込まれた。バブルの後遺症を引きずっていた各金融機関は早急な経営の立て直しに向け公的資金投入を受け入れざるを得なくなる一方、待ったなしの再編を迫られた。

メガバンク誕生の口火を切ったのは2000年9月に経営統合して「みずほホールディングス（ＨＤ）」を立ち上げた第一勧業銀行、富士銀行、日本興業銀行の3行。総資産約140兆円と世界最大の金融グループに躍り出たが、4兆7千億円もの不良債権を抱えた船出だった。

01年4月には、さくら銀行と住友銀行の合併により「三井住友銀行」が誕生したほか、東京三菱銀行、三菱信託銀行、日本信託銀行による「三菱東京フィナンシャル・グループ（ＦＧ）」と、三和銀行、東海銀行、東洋信託銀行でつくる「ＵＦＪＨＤ」が発足。「4メガバンク」体制となり、再編劇は収束したかに見えた。

だが、小泉純一郎政権下の02年10月、竹中平蔵金融担当相が「日本の不良債権問題の取り組みは遅れている」として策定した「金融再生プログラム」が、再編第2幕の呼び水となる。プログラムには2年半後までの不良債権処理の目標が盛り込まれた。各行は増資や融資先の選別を進めて目標達成の見通しとなったが、ＵＦＪが脱落。05年10月に三菱東京

FGに事実上救済される形で統合し、現在の「3メガバンク体制」の起点となった。

3メガバンクは現在、収益の3～4割を海外で稼いでいるが、「収益は国際的にみて低さが目立つ」（中曽宏・日本銀行前副総裁）のが現状。空前の低金利や人口減少で収益環境が悪化する中、一層の人員削減や店舗統廃合を迫られている。

一方、地方銀行は、メガバンクのように海外に活路を見いだすことが難しい状況だ。中曽前副総裁は金融機関の店舗数の多さを挙げ「統合・再編は、金融システム全体の安定性や効率性を高めるのに有効だ」と強調。大手行の大型再編が一段落し、地方銀行に再編への波が押し寄せつつある。

拓銀破綻の余波、全道に

道内では拓銀破綻1年5カ月後の1999年4月、当時としては道内最大規模の信組だった共同信用組合（札幌）の経営が行き詰まった。主因は、拓銀破綻の一因となった建設・不動産のカブトデコムの関連会社への巨額融資。同時期に破綻した千歳信用組合とともに専和信用組合（札幌、現北央信用組合）に事業譲渡された。

拓銀破綻を契機に、拓銀を頂点とする道内金融機関の序列は崩壊し、再編が加速した。2001年には旭川商工信用組合、小樽商工信用組合、網走信用組合の3信組が破綻。経営基盤の弱かった道央信用金庫（札幌）と夕張信用金庫は北海信用金庫（後志管内余市町）との合併を選んだ。

当初は経営難に陥った金融機関を救う再編がほとんどだったが、「救済型」が落ち着くと、07年の士別信用金庫と名寄信用金庫、08年の伊達信用金庫と室蘭商工信用組合のように、規模拡大を目指す合併が出てきた。

17年1月には函館信用金庫と江差信用金庫が合併し「道南うみ街信用金庫」が発足。18年1月には札幌信用金庫、北海信用金庫、小樽信用金庫の道央圏の3信金が合併し、道内信金初の預金量1兆円超となる「北海道信用金庫」が誕生した。1997年以降、道内の信組は15から7に、信金は31から20になった。

道内の銀行も拓銀破綻後、ペイオフ解禁や金融再生プログラムへの対応を迫られたことで、めまぐるしく変化した。

拓銀の道内事業を引き継いだ北洋銀行は99年9月、札幌銀行と包括業務提携を締結。2001年4月には持ち株会社を設立して経営統合し、08年に両行は合併した。北海道銀行は04年9月、北陸銀行（富山）と経営統合した。北洋銀行、道銀両行とも公的資金の注入を受けている。

近年は株価も持ち直し、道内も外国人観光客が増加するなど好景気が続いているとされる。だが、地銀2行の18年3月期決算は、いずれも減収減益。16年2月に始まった日銀のマイナス金利政策で、貸し出しで得られる利ざやが圧迫されており、北洋銀行の石井純二頭取（現会長）は「日銀の金融政策は継続されるだろうから、この厳しさはまだ続く」、道銀の笹原晶博頭取も「残念ながら減収傾向を止めきれなかった」と危機感を強めている。

寡占化、地域にはマイナス

及能正男氏
元西南学院大学教授

銀行の破綻処理や金融危機を研究する及能正男・元西南学院大学教授に、金融機関再編の背景や影響を聞いた。

2000年ごろから金融機関の再編が急速に進んだ要因の一つは、拓銀の経営破綻です。当時の政府は拓銀破綻が日本経済に深刻な打撃を与えたことを踏まえ、金融機関を守るための公的資金の投入を決めるとともに、金融機関には規模拡大、経営基盤の強化を求めるようになりました。そうした意向に沿う形で合併が相次ぎ、金融機関の数が減っていったのです。

一方、高度経済成長の時代が終わり、借り手側の資金需要が少なくなったことも再編を後押ししました。金融機関にとっても合併で効率化が進み、ライバルも減ることで収益性が上がるメリットがありました。ただ、金融機関の寡占化は、地域経済にとってはマイナスの作用もあります。

企業は、融資を受ける金融機関を、金利などの条件やサービスを比較して決めます。経営課題に直面した際に、相談に応じ、資金を供給してくれる金融機関は多い方がいい。しかし、再編で選択肢が減りました。1969年時点で、全国展開していた都市銀行は15行。うち本店が東京なのは8行で、3行は大阪、4行は札幌の拓銀に、神戸や名古屋など地方都市です。現在の三大メガバンクは、いずれも本店は東京で、経済の「東京一極集中」が加速することにもなりました。

都市銀行に限らず、地域の実情を知る金融機関が別の都市の金融機関に吸収されれば、地元経済界とのつながりは薄れます。本店がなくなった地域の取引先は困惑したことでしょう。

拓銀は破綻しましたが、同じ札幌に本店を置く北洋銀行が受け皿になり、結果的に道内に大きな銀行は残りました。本州の銀行が受け皿になっていれば、破綻の影響がもっと深刻だったかもしれません。北海道は、その点は救いだったと言えます。

きゅうの・まさお　1934年、函館市出身。57年に東北大学を卒業し、三井銀行(当時)に入行。87年に辞職し、同年から2004年まで西南学院大学教授を務めた。主な著書に「金融不安」(講談社)、「日本の都市銀行の研究」(中央経済社)など。伯父は北洋銀行の前身、北洋無尽の社長を務めた及能仁三郎氏。

▶1990年以降の主な金融機関再編の推移

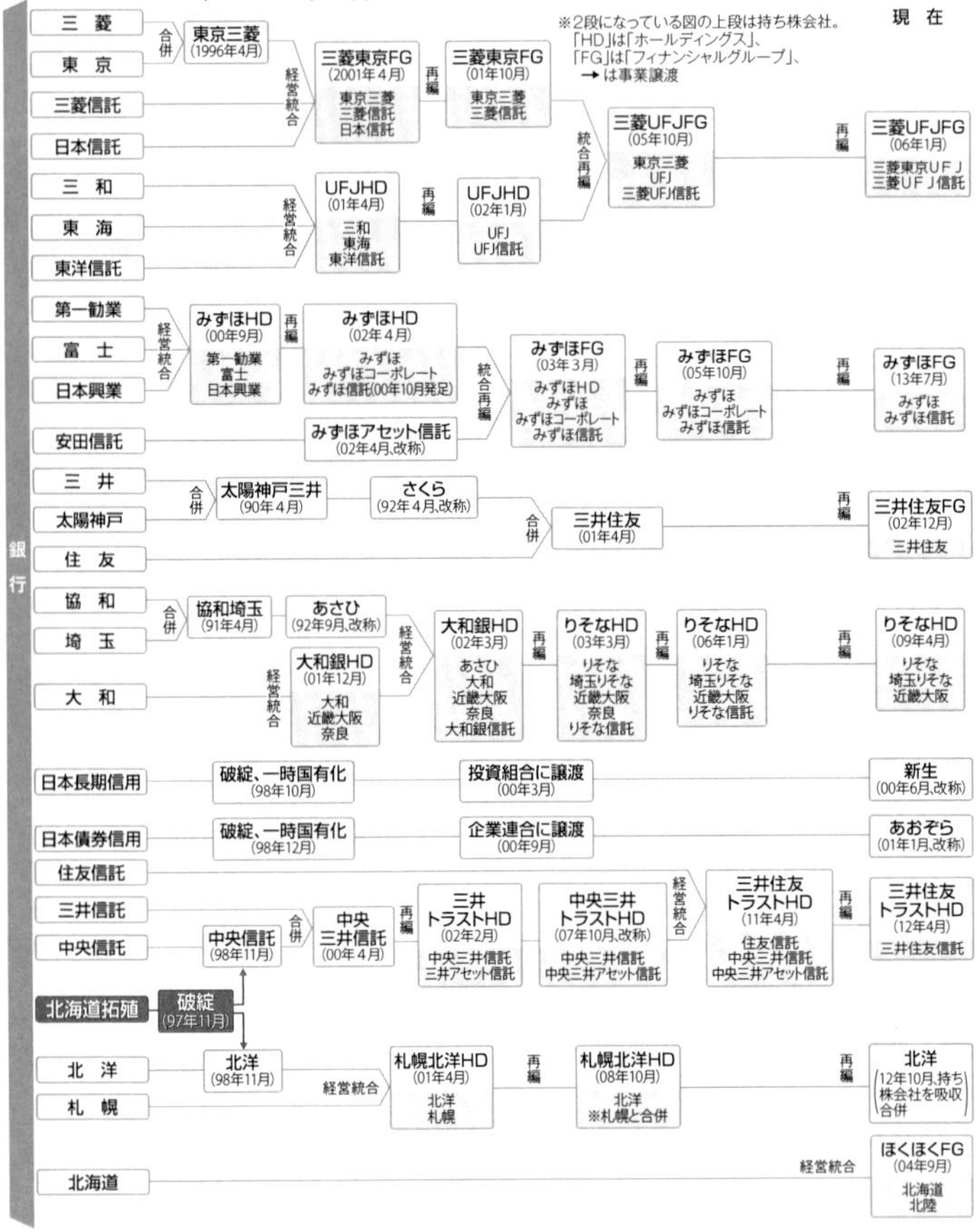

拓銀が破綻した1997年11月以降、金融機関の破綻が相次ぎ、日本経済は未曽有の混乱と長期停滞に突入する。当時の経験から何を学ぶべきか、危機に向き合った人々に聞いた。（インタビューは2017年12月時点）

影響の大きさ　想定外

元大蔵省銀行課長　内藤純一さん

内藤純一さんは1996年7月から2年間、大蔵省の銀行課長を務め、拓銀破綻などの対応に当たった。金融行政の中心にいた一人として「やるべきことは最大限やった」と振り返りながらも、率直に反省点を語ってくれた。

――拓銀破綻が事実上決まった97年11月14日のことを覚えていますか。

当時はできるだけ拓銀を存続させ、金融機能を維持するという考えでした。しかし、拓銀はこの日、資金不足で日銀の準備預金の積み立てができなかった。拓銀から連絡があり、夜に河谷禎昌頭取らと（東京都内の）パレスホテルで会いました。事前に日銀から、営業を継続すれば日中に資金ショートを起こし大混乱を招く可能性があると聞いていて、私から（営業継続は）厳しいと強く言ったことを記憶しています。拓銀側から『延命』は求められませんでした。

——破綻の影響は想定の範囲内だったのですか。

拓銀だけが原因ではありませんが、あれほどの危機に発展するとは思っていませんでした。97年11月は三洋証券の破綻に始まり、拓銀、山一證券、徳陽シティ銀行が続き、経営が不安視されていた全国各地の金融機関で取り付け騒ぎが起きました。問題のない金融機関も一斉に自己防衛に走り、貸し渋り、貸しはがしが始まった。連鎖倒産する企業も出ました。

——公的資金投入や日銀からの融資で拓銀を救済できなかったのですか。

公的資金は当時の制度では難しかったし、世論の反発も強かった。日銀の融資を受けるにも担保がなかった。ただ、大きな銀行が破綻すると中小企業も資金繰りが苦しくなり、経済全体が危機に陥ることを多くの人が実感し、世論の流れも変わって、金融システム全体に影響しかねない場合は公的資金を入れることもありうるとなりました。

——90年代後半の金融危機は避けられなかったのでしょうか。

バブルが小さいうちに手を打っていれば、状況は変わったかもしれません。地価が高騰しすぎて、そこから反落したから不良債権も大きくなった。公定歩合の引き上げや不動産

ないとう・じゅんいち　1951年、兵庫県出身。東京大学経済学部卒業。75年大蔵省(当時)入省。銀行局銀行課長、金融庁総務企画局長などを経て2011年から全国信用協同組合連合会理事長。

向け融資の総量規制を、もっと早くやるべきでしたが、現実は難しかったのです。

――金融自由化も影響したのでしょうか。

米国からの要求で80年代半ばから急速に自由化が進み、いわゆる護送船団的な、細かく指導するような行政ではなくなっていました。金融機関が暴走してもブレーキを踏めなくなっていた。自由化するからこそ本来はルールにのっとった監督を強化すべきでした。破綻の影響を最小限にとどめる十分なセーフティーネットもありませんでした。

――反省はその後の金融政策に生かされましたか。

97年、98年の経験を経て公的資金の投入などが決まり、2000年ごろには世界でも最も体制が整備されたと思っています。08年のリーマン・ショックでは、日本は欧米に比べ影響が小さく、破綻した金融機関もありませんでした。

――拓銀の破綻や金融危機に、大蔵省はどう責任を果たしたと考えますか。

大蔵省が財務省と金融庁に分割されたというのは一つの政治的な決定だったと思いま

す。90年代は同じ大蔵省でも財政部門と金融部門の連携が必ずしも十分ではなく、金融危機を回避するために大規模な経済・金融対策を打つというような動きがうまくいかなかった。組織は分かれることになりましたが、今後はその教訓を生かし、金融庁や財務省、日銀との間の連携がむしろ欠かせません。

【取材後記】

遅れた公的資金制度化

経済部　高橋俊樹

経済のグローバル化を背景に、日本でも1980年代から金融自由化が進んだが、「競争の時代」に対応する国の環境整備は遅れていた。

拓銀は97年11月14日の金曜日、義務づけられていた日銀準備預金の資金を確保できず、週明けの17日に破綻を発表した。破綻前の金融機関に予防的に公的資金を投入できるようになったのは、翌年2月の金融機能安定化法成立から。同年、金融機能を維持しながらスムーズに破綻処理するための金融再生法もできた。

内藤さんによると、こうした法制度には拓銀破綻での経験が生かされているという。今では、経営が健全な金融機関に地元中小企業への融資を増やす目的で公的資金を入れることも可能になった。

拓銀破綻から10年後の2007年3月、事実上の粉飾決算で赤字を膨らませた夕張市が破綻し、財政再建団体となった。同年6月、夕張市を教訓に「財政健全化法」が成立した。拓銀も夕張市も、破綻の一番の責任は自らにある。それは分かっているが、大きな「犠牲」を払った北海道の人間としては、割り切れない思いもある。

緊急事態の決断遅く

慶應義塾大学教授　竹森俊平さん

最近の景気拡大の長さは「いざなぎ景気を超えた」と言われるが、どこか不安を感じる人も多いだろう。拓銀が破綻した1997年を「世界経済の節目の年」と位置づけた慶應義塾大学教授の竹森俊平さんは、人々の心になお刻まれ続ける金融危機を招いた政治の責任の重さを指摘する。

――97年を境に経済状況はどう変わったのですか。

この年は、夏から冬にかけてアジア通貨危機が起きていました。そこに11月、拓銀を含む国内の金融機関の破綻が相次いだ。先進国の投資家たちの間で『アジアへの投資は適切ではない』との認識が広がり、その資本は米国に過剰に流れ込んで住宅バブルをもたらします。その後、支払い能力の低い人に貸し付けていた『サブプライムローン』が住宅価格の下落に伴って一斉に焦げ付き、バブルが崩壊。2008年のリーマン・ショックに端を発した世界的な金融不安へとつながっていくのです。

――日本の金融危機は回避できなかったのでしょうか。

拓銀や山一證券は、もはや自然な状態では存在できない財務状況でした。しかし、そうした企業の危機的状況に対する政治の対応が遅かった。リーマン・ショックの発端となった米証券大手リーマン・ブラザーズの経営破綻は米国内の経済に大きな影響を与えましたが、米政府は速やかに『TARP（タープ）』と呼ばれる巨額の公的資金投入の枠組みを整備するなどして、金融システムを安定させました。

――公的資金を速やかに投入すべきだったということですか。

そうです。さかのぼれば、住宅金融専門会社（住専）に公的資金を投入すると政府が決めた1996年の時点で、当時から不良債権処理に苦しんでいた銀行を救済する枠組みを一緒に議論すべきでした。拓銀について言えば、国有化を含め営業を継続させる判断があっても良かったと思います。拓銀破綻の翌年に経営が行き詰まって国有化された日本長期信用銀行（長銀、現新生銀行）と日本債券信用銀行（日債銀、現あおぞら銀行）についても、1年前に同じ措置を講じることもできたはずです。

――民間企業への公的資金投入に、当時の世論は批判的でした。

ひとたび信用が失われると資金調達さえ困難になる金融システムの脆弱さに対し、政治家や官僚の認識は甘かったと思います。米国は96年ごろから、日本の景気の先行きに警戒感を示していました。金融不安が経済に大変な悪影響を及ぼすことについて、日本の政府は無知でした。福島の原発事故への対応と根っこは同じです。

――金融危機も原発事故も、政治の危機意識の低さが被害の拡大を招いたということですか。

はい。政府は原発事故後、直ちに東京電力を国有化した上で事故処理に当たるべきで、金融危機の際に公的資金投入が遅れた反省は生かされませんでした。双方とも、国民の不評を買いたくないという単純な発想で判断したように見受けられます。政治家と官僚、企

たけもり・しゅんぺい　1956年、東京都出身。慶應義塾大学大学院、米ロチェスター大学博士課程を修了し、97年から現職。専門は国際経済学。「1997年―世界を変えた金融危機」（朝日新書）など著書多数。

業の間で情報の開示・共有が不十分な点も似ています。

——過ちを繰り返さないために何が必要ですか。

日本は米国に比べて、緊急事態におけるトップダウンの決断が遅いと思います。金融システムの機能不全は原発事故と同じような『緊急事態』に該当し、万一の際には国が強力に介入する必要があることを認識しなければなりません。政府は、97年に起きた金融危機の失敗のメカニズムを再度、しっかり検証しておくべきです。

【取材後記】

国の対応、検証・総括を

経済部　宇野一征

1929年の世界恐慌後、米議会には「ペコラ委員会」と呼ばれる第三者機関が設置された。組織の最高顧問を務めた元検事の名を冠したこの委員会は、危機の徹底した原因究明と関係者への厳しい責任追及を行い、再発防止に向けた金融制度改革の道筋をつけた。

ペコラ委員会が行ったような総括を経てこそ、苦い経験の中に隠れた教訓の輪郭が見えてくる。拓銀破綻のケースで言えば、第三者機関の「与信調査委員会」による調査（原因究明）や元頭取の裁判（責任追及）を経て当時の経営実態がつまびらかになり、その後のさまざまな分析・検証にも生かされている。

翻って政治家や旧大蔵省、日本銀行はどうか。巨額の公的資金投入という重大事案に至ったにもかかわらず、当時の対応が国会の第三者機関などで検証された形跡はない。私たちが取材した関係者の証言も曖昧だったり、どこか人ごとのようだったり。

竹森さんの指摘のように、97年の金融危機を巡る国の対応は、原発事故を含む重要な政策判断と相似形をなす。20年を経た今でも、ペコラ委員会のような徹底した検証・総括は遅くはない。

国有化は「実績作り」

元日本債券信用銀行頭取　**東郷重興**さん

拓銀と同時期に経営不振に陥っていた銀行の一つが日本債券信用銀行（日債銀、現あおぞら銀行）。拓銀の翌年1998年12月に破綻、一時国有化された。頭取を務めた東郷重興さんは、危機の本質は不良債権化した融資を担保の処分価格で評価する日本独特の資産査定にあると指摘する。

――日債銀に行く前は日銀職員だったのですね。

96年5月、当時の福井俊彦日銀副総裁に打診され、召集令状を受け取った気持ちで日債銀に行きました。危ない銀行と言われており簡単な仕事ではないと思う半面、やりがいも感じました。97年4月に再建策として海外拠点撤退などのリストラ、関連ノンバンクの法的整理など不良債権処理、そして2900億円の第三者割当増資を発表しました。破綻するかもしれないのに銀行や生損保から出資してもらうのは奇跡みたいな話ですが、「日債銀発の金融恐慌を起こしてはならない」との思いで頭を下げて回り、計画はすべて達成しました。

――8月に頭取に就任。その3カ月後、11月の拓銀破綻をどう見ましたか。

父も兄も拓銀行員で、愛着のある銀行でした。大型の不動産プロジェクトに手を出して不良債権に苦しんでいるのは知っていました。経営不振の最大の原因はカブトデコムなどよりも本州で不動産を担保にむちゃな融資をしていたことでしょう。破綻発表の2日前、日銀の先輩でもある北洋銀行の武井正直頭取から電話があり、「大蔵省から拓銀を引き取らないかと言われた。君はどう思う」と聞かれ「断る理由はないでしょう。優秀な人材もたくさんいるし」と答えました。北洋銀行への譲渡が決まってほっとしたことを覚えてい

とうごう・しげおき　1943年、東京都出身。東京大学法学部卒業。66年日銀入行。国際局長だった96年、日債銀に移り97年8月から破綻まで頭取。2012年から東日本学園理事長。

ます。

――98年6月に発足した金融監督庁の検査結果で、日債銀は債務超過とされました。

前年の97年3月期を対象に行った大蔵省の検査結果を踏まえて貸倒引当金を積んだのに、金融監督庁になったら同じ融資が同じ検査官に「積み立て不足」とされました。会計原則に基づき、不動産にビルを建てて家賃を取ったらどれだけ収益が出るかということを考えて引き当てしたのですが、監督庁は不動産を処分価格でしか見ませんでした。

――破綻するような状況ではなかったと。

再建計画を成し遂げ、株価は上昇、手元資金も潤沢になり、98年秋には「もう大丈夫だ」と思っていました。しかし、10月に資金繰りに窮した長銀が破綻し、成立したばかりの金融再生法により一時国有化された。監督庁は、日債銀にも再生法適用を申請するよう言ってきました。断ったのですが、12月に小渕恵三首相から通告が出て従わされました。せっかく公的資金投入の枠組みができたので実績を作りたかったのだと思います。

――99年7月、証券取引法違反容疑で逮捕され、刑事責任を問われました。

企業会計原則に基づいて処理しただけなのに、不良債権を隠したと言われました。検察官にいくら説明しても「粉飾を認める供述調書にサインを」と言うばかり。無罪確定まで12年もかかりました。

――金融危機の教訓は。

危機の本質は、金融機関も大蔵省も、土地を処分価格でみる担保主義で考えていたことです。不動産ブームで、土地の担保があればどんどん融資した。大蔵省もそれを容認し、不良債権を拡大させたのです。金融機関を取り巻く環境は変わり、あのような危機は二度と起きないでしょう。地域金融機関は、日銀のマイナス金利政策で厳しい経営が続いていますが、そのうち金利は上がります。取引先をよく見て融資し、企業を育ててほしいですね。

【取材後記】

無罪確定まで重い12年

経済部　佐藤宏光

無罪が確定したとき、どんな思いを抱いたか。そんな問いに東郷さんは「当然で、特にうれしくもなかった。この12年間は何だったのかと思った」と淡々と語った。

問われたのは1998年3月期決算で、大蔵省が前年に定めた不良債権を厳格に査定する新基準ではなく、従来基準で処理し、不良債権を少なく見せかけたとする証券取引法違反の罪。どちらの基準を適用するかはあいまいで、多くの大手行が従来基準を採用していたにもかかわらず、一審、二審は有罪判決だった。

2008年7月、まったく同じ構図で行われた長銀経営陣に対する刑事訴訟で、最高裁は無罪判決を下す。しかし、09年12月の日債銀訴訟最高裁判決は無罪ではなく二審判決の破棄、差し戻し。高裁で無罪となり、判決が確定するまでさらに1年9カ月かかった。

金融行政は、この20年、危機再発を防ぐ態勢整備が進んだ。東郷さんはじめ関係者に多大な負担を強いたことを考えれば、巨額の公的資金投入への批判を背景に進められた〝国策捜査〟への反省や、再発防止策の検討も求められる。

大蔵省主導、時期誤る

元首相秘書官　**江田憲司**さん

衆院議員の江田憲司さんは、1996年から橋本龍太郎首相の秘書官を務め、規制緩和や市場原理の活用など大胆な改革で、東京を2001年までに国際金融市場に飛躍させる「日本版金融ビッグバン」の推進に関わった。強い影響力を持っていた大蔵省が施策を主導した結果、金融危機が起きたと振り返る。

――1996年11月公表の金融ビッグバンは、橋本政権の6大改革の一つでしたね。

改革には中央省庁再編や経済構造改革などがありました。唯一ビッグバンだけが大蔵省主導で、橋本首相は乗せられてしまったのです。大蔵省は、金融機関がどれほど不良債権を抱えているか、体力がどこまで弱っているのか把握せずに「大手術」を敢行しました。拓銀は、従来なら救っていたかもしれませんが、ビッグバンの象徴例として突き放されたのでしょう。

――大蔵省といえば95年以降、官僚が金融機関から接待漬けだったことが問題になりました。

金融危機が起きた97年は、スキャンダルの問題が大蔵省再編の議論と絡み合っていました。実質的に日本を支配しているとまで言われていた大蔵官僚も、影響力が落ち、政治とのバランスが変わっていっていました。

えだ・けんじ　1956年、岡山県出身。東京大学法学部卒業。79年、通産省（現経済産業省）入省。96年1月～98年7月、首相秘書官。2002年10月の衆院補選で初当選。元民進党代表代行。現在は無所属。

――拓銀が破綻を発表した97年11月17日の日記が残っているとか。

中央省庁再編を議論する行政改革会議が最終局面で、午前10時から自民党、新党さきがけ、社会党の3党首会談を行い、会議の最後の詰めをしていたと記しています。こうした状況で拓銀が破綻し、財政と金融の分離をうたう大蔵改革と結びついて臆測を呼びました。この日の夜には村岡兼造官房長官から「北拓（拓銀）は大蔵省の陰謀だ。これは倒閣だ。大蔵省は株価が下がると思ってやったんだろうが思惑が外れた」と電話があったと記録しています。

――陰謀とはどういうことですか。

「拓銀を倒せば株が下がり経済が危機的状況になる。だから財政と金融は分離してはならない」と、大蔵省の存在意義を強調する狙いだったのだろうという解釈です。ところが市場は拓銀破綻を「大蔵省が護送船団行政を転換するメッセージ」ととらえ、平均株価は上がったんですよ。私自身は拓銀破綻を陰謀というのは抵抗がありますが。

――ビッグバンは間違いだったのですか。

どこかでやらなければならない改革だったけれども、タイミングを間違えました。金融機関に体力がないまま大手術を施して、金融危機を招き、企業が資金を取れなくなって設備投資が落ち込み、その後の長いデフレにつながった。主導した大蔵省の罪は非常に重いと思います。私自身は、経済は生き物だということを身につまされました。経済施策を打つ時には、景気の情勢をしっかりと把握し、タイミングを考えることが為政者には必要です。

――大蔵省は結局、財務省と金融庁に分離されました。政と官の関係は20年でどう変わりましたか。

曲がりなりにも政治主導が進んだと思います。（2014年に）内閣人事局が設置され、政治主導で能力や実績を重視した官僚の人事ができるようになりました。国民から選ばれた政治家の代表である首相、その首相に任命された閣僚が人事権を行使するのは民主主義国家として当たり前のこと。それができなかったのが、1990年代までの官僚制度でした。問題は制度の使い方。安倍政権のように、自分の好き嫌いで個人的に貢献してくれた人を引き上げると、森友・加計問題のようなことが起こってしまうわけです。

真の政治主導見えず

経済部　本庄彩芳

【取材後記】

江田さんは、1997年からの金融危機を招いたのは大蔵省のミスだと強調する。ただ、金融機関に体力がなく、セーフティーネットも整っていない状態で金融ビッグバンを表明したのは当時の政府。大蔵省に乗せられたとしても、政治も責任は免れない。

「官庁の中の官庁」と呼ばれた大蔵省は95年以降スキャンダルにまみれ、省庁再編論議の中で力を失っていく。97年は「官僚と政治家の力関係が変わる過渡期」（江田さん）。本来、政と官が手を携え危機に対応すべき時に陰謀論まで飛び出す状況だったことに、やるせなさが募る。

2001年に大蔵省は財務省に看板を変え、14年には内閣人事局が発足。政治が省庁幹部の人事権を握り、政治主導の態勢は整った。しかし、現在の安倍政権が国民に見せつけているのは、官邸に権力が集中するいびつな姿だ。

森友・加計問題は、その点を浮き彫りにした。官僚の首相に対する忖度《そんたく》が行政をゆがめたとの疑いは深まるばかりだ。政治が官僚の能力を引き出し国民のための政策を遂行する真の政治主導までの道のりは、いまだ見えていない。

混乱広げた甘い認識

元証券アナリスト　島義夫さん

島義夫さんは1990年代、格付け会社や外資系証券会社のアナリストとして金融機関の経営状況などを分析していた。不良債権処理が遅れる金融機関と大蔵省の動きに厳しい視線を向けながらも、拓銀は「破綻しないと思っていた」という。

――バブル崩壊後の拓銀を海外のマーケットはどう評価していましたか。

94年の格付け会社のリポートには拓銀は実質的に破綻しているが「大きすぎてつぶせない」ため、政府がサポートするので債務不履行はないという趣旨のことが書かれています。

当時はこうした見方が海外では一般的でした。格付けもトリプルBの投資適格で投機的とはされていない。ところが95年8月、（地方銀行としては規模の大きい）兵庫銀行などが破綻。海外の投資家は「護送船団は終わった」と判断し、拓銀に対する評価も厳しくなりました。

――国内でも金融不安が高まっていたのですか。

拓銀や日債銀など一部金融機関の経営状況は問題視されていましたが、96年までは金融システム全体への危機感はあまりありませんでした。特に大蔵省は銀行の資産や信用力をどう評価していいか分かっていなかったようで、明らかに認識が甘かった。

――実際の状況は。

96年3月期決算で公表されていた都銀の不良債権は計12兆円で、業務純益の計3・5兆円を大きく上回ります。こうした危機的状況で大きな銀行を破綻させたらどうなるか、予想はできたはずです。実際、私を含む一部のアナリストは気づいて、個別の銀行ではなく銀行システム全体で自己資本不足になっていると主張していました。しかし大蔵省は、日

しま・よしお　1958年、東京都出身。東京大学法学部卒業。米格付け会社スタンダード・アンド・プアーズやモルガン・スタンレー証券などを経て、2009年から玉川大学経営学部教授。

本版ビッグバンで規制緩和を進め、必要な時にサポートを止めてしまった。

――そして97年11月を迎えました。

実は私は、拓銀は破綻しないと思っていました。直前まで海外投資家にそう説明していて、面目丸つぶれです。拓銀は最下位とはいえ都市銀行で、破綻すれば国内外に与えるインパクトは大きい。影響は計り知れないと考え、大蔵省もさすがに破綻はさせないだろうと信じていたのです。でも、現実は違った。大蔵省は本当に事態の深刻さに気づいていなかったのです。

――拓銀破綻後、マーケットはどうなりましたか。

直後の山一證券の破綻もあり、大パニックに陥ったのを覚えています。金融機関や投資家は取引相手が信用できなくなり、どうしていいか分からず、お金を貸すことをやめてしまいました。金融機関や事業会社は弱い順に資金を調達できなくなり、追い込まれていった。まさに金融危機の引き金になったのです。

――混乱は長く続いたのですか。

（官房長官などを務めた）梶山静六さんが雑誌で金融機関への公的資金投入の必要性を訴え、実際に政府も動き始めたことから、1カ月ほどで落ち着きを取り戻しました。ただ、貸し渋りや貸しはがしは続き、リスクのある投資に慎重になり、いわゆる「失われた20年」につながりました。大蔵省は何が何でも拓銀を守るべきでした。

――90年代のような危機が再び起きる可能性は。

不動産だけでなく、金融商品などの市場がバブル的になって、それが破裂すれば同じようなことが起きる可能性はあるでしょう。私たちが20年前に学んだのは「金融危機は起こり得る」ということ。それを常に意識しながら、ほどほどのリスクを取り、行政も本来の機能を果たすことで万が一の際の影響を最小限にとどめなければなりません。

【取材後記】

「教訓」伝える側にも

経済部　高橋俊樹

拓銀が破綻を発表した1997年11月17日。当時の橋本龍太郎首相は「これで一つ、不安要因が整理できた」と述べ、破綻が金融不安の解消につながるという認識を示していた。島さんは「事態の深刻さに気づいていなかったことを象徴する、のんきなコメント。拓銀一つくらいいいだろうという政府の思いがにじみ出ている」と指摘する。

足元の状況を十分に把握できていなかったのは政府だけなのか。島さんは当時の報道にも厳しい視線を向ける。97年5月に「都銀の不良債権処理はヤマ場を越えたとみていい」というアナリストのコメントを掲載した新聞を例に挙げ「あまりに危機感が薄かった」と振り返る。一方で、危機を過大にあおるような報道が特定の金融機関の信用不安を高めたとの指摘もある。

あれから20年。仕組みが複雑な金融商品が増えただけでなく、フィンテックが急速に進化し、仮想通貨への注目も高まるなど環境は激変した。これからの金融危機がどのような形で起きるのか、まったく想像がつかないが、われわれも過去から学ばなければならないことは多い。

教訓生かし資本増強

元北洋銀行頭取　横内龍三さん

横内龍三さんは日銀出身で、北洋銀行の頭取を２００６年から12年まで務めた。リーマン・ショックの影響で経営が苦しくなった際には、拓銀破綻の経緯を踏まえ、信用不安のリスクを意識しながら業務に当たったという。日銀のマイナス金利政策で経営環境は厳しさを増しているが、金融機関の役割は変わらないと強調する。

よこうち・りゅうぞう　1944年、長野県出身。京都大学法学部卒業。67年に日銀に入行、98年に退職。弁護士を経て北洋銀行に入り、2006年に頭取、12年に会長、18年から顧問。北海道経済同友会顧問も務める。

――拓銀が破綻した1997年11月は。

日銀にいました。その時は人事局長で、拓銀など金融機関の動向について直接はかかわっていません。97年の年末からは、大蔵省と日銀で（銀行からの）接待問題が持ち上がり、年明けからはそちらの対応に没頭していました。

――2003年6月に札幌北洋ホールディングスの非常勤監査役となり、04年10月に北洋銀行の副頭取に就任しました。当時の道内経済をどう見ていましたか。

日本経済全体に、バブル経済崩壊の後遺症がまだ残っていました。道内は景気に比較的敏感な製造業、輸出産業が少なく、資金需要は低迷していた。地域の金融機関として、道内経済活性化に取り組まなければと強く感じ、全道各地を徹底的に回り、お客さまや支店の職員から話を聞いたことを覚えています。

――頭取だった08年9月、リーマン・ショックが起き、有価証券価格が暴落します。10月に発表した9月期決算は、初の赤字でした。

ほかの銀行よりも大きな損失を被り、道内の信金などに劣後ローンを引き受けてもらうなどして自己資本の増強を図りました。さらに09年3月には1千億円の公的資金を入れる判断をしました。

――厳しい局面での経営判断で、拓銀破綻の教訓は生かされたのですか。

最も大事にしたのは、風評リスクを発生させてはいけないということでした。拓銀をはじめ、不良債権が多いとみられていた銀行は、多くの人が「経営は大丈夫か」と不安になり、預金がどんどん引き出され、資金調達も難しくなりました。北洋銀行は、公的資金がなくても経営が行き詰まることはありませんでしたが、風評リスクの発生を避けるには経営基盤をより安定させる必要があると考え、念には念を入れることにしたのです。10年かけて公的資金を返済する計画でしたが、その後の株価上昇もあり、5年で完済できました。

——拓銀破綻後の道内経済をどう見ていましたか。

道内企業は、不動産投資などで過大なリスクを取るのではなく、着実に事業性を見極める経営をするようになりました。逆に国依存、官依存の体質からは脱却できなかった。経済界の危機感も、われわれ金融機関の努力も足りなかったと思います。国から補助金をたくさんもらえる時代は終わっているのです。

——どのように変わるべきだと考えますか。

人口減少が進む中で北海道の経済規模を維持するためには、積極的な設備投資やＩＴの活用で生産性を向上し、一人一人の生み出す価値を高めなければなりません。道内経済の柱になる食と観光の分野は、もともと生産性は高くありません。起業精神を持って新しいビジネスにもしっかり取り組む必要があります。

――日銀のマイナス金利政策で、融資では利益を生み出しにくい状況です。

金融庁の森信親長官（当時）は、担保に過度に依存せず、事業の成長性を見極めた融資をするよう求めています。こうした取り組みは、不十分かもしれませんが以前からやってきています。地域に根ざし、地域の人たちの暮らしが少しでも良くなるよう後押しするという銀行の役割はこれからも変わりません。

【取材後記】

人口減、地銀に再び逆風

経済部　**高橋俊樹**

北洋銀行は2009年3月期決算で2千億円を超す純損失を計上した。リーマン・ショックで保有する株などの有価証券の価格が急落したためで、巨額の不良債権を抱えていた拓銀とは事情は異なるが、横内さんが懸念していたように「風評」で信用が揺らぐ恐れもあった。

金融機能強化法に基づく公的資金の注入などで経営基盤は強化され、その後、通期では黒字決算が続いている。ただ、16年2月に日銀がマイナス金利政策を導入したことで利ざやが稼ぎにくくなり、経営環境は激変。再び逆風にさらされるようになった。

将来的には、人口減に伴って融資先も減る可能性が高い。北洋銀行はこうした現状に危機感を強め、業務効率化などで経費節減を加速させるとともに、金利以外の収入を増やす取り組みにも力を入れる。ただ、次世代のビジネスモデルは描き切れていないのが現状だ。

地域金融機関の経営状態は、地元経済全体の浮沈にも影響する。拓銀破綻による苦しみを二度と経験しないよう、道内の金融機関には安定的な収益を確保する策を見つけ、その「役割」を果たし続けてほしい。

知恵を絞り一歩前に

元北海道知事　堀達也さん

「試される大地」。1997年11月の拓銀破綻の翌年、道が打ち出したキャッチフレーズは道民に鮮烈な印象を与えた。明治期の開拓時代から行政と一体で北海道の発展を支えたリーディングバンク消滅の危機感をバネに、官依存体質から脱却し、新しい時代へ向かう決意がこの6文字に込められていた。当時知事だった堀達也さんは道民の意識の変化をどう見ているのか。

――拓銀の経営危機をいつ頃から認識していましたか。

バブル崩壊で各金融機関が不良資産に苦しんでいたころから、何となく分かっていました。北海道銀行との合併が暗礁に乗り上げたころ、拓銀幹部らとひそかに会った際、道銀に対して感情的になっている人もいて「これはうまくいかないな」とも思っていた。しかし、三塚博大蔵相が、都銀はつぶさないという趣旨の発言をしたこともあり、最後は大蔵省が何とかしてくれると信じていました。

ほり・たつや　1935年、樺太（サハリン）出身。オホーツク管内遠軽町で育ち北海道大学農学部卒業後、58年に道庁入り。95年から2期8年、知事を務めた。2015年からクール北海道取締役。

――破綻をどう受け止めましたか。

破綻後に自民党が設置した北海道金融不況対策小委員会の席上、「拓銀の経営破綻は政治の責任だ」とはっきり言いました。北海道開拓への資金供給を目的で設立された拓銀の特殊性を考えずに破綻させてしまったことに違和感を持ったからです。国の政策のいけにえになった側面は否めないと、今でも思っています。

――道にとって拓銀はどんな存在でしたか。

道が何か大きな事業などを行う時、先頭に立って資金調達してくれたのは拓銀。ほかの金融機関は、拓銀の動きを見ながら拠出額を決めるのが慣例でした。いわば北海道にとって道と拓銀は表裏一体の関係でした。タニマチ的な存在でもあり、これと定めた企業などを、道とともに積極的に育てていく強さがあった。拓銀破綻と相前後して道の財政も厳しくなり、北海道には強いタニマチの不在が続いている気がします。

――北海道の発展を支えた北海道開発庁と北海道東北開発公庫も、拓銀破綻後に相次ぎ廃止になりました。

国がそれまで、良い意味でも悪い意味でも北海道を特別視していたということでしょう。「試される大地」というキャッチフレーズを採用したのは、拓銀破綻など厳しい状況の下、一歩前に出る意識を道民全体に広げたかったからです。関係自治体の住民とともに地域の発展方策を考える「パートナーシップ計画」を策定するなど、自主自立を促す取り組みにも力を入れたつもりです。

――意識改革は進んだと思いますか。

北海道の強みである「食と観光」を生かした取り組みなど自立を探る動きもありますが、まだ十分とは言い難い。私が知事だったころに1兆円近くあった開発予算は、約半分の5千億円台。今後、さらに官依存から脱却せざるを得ない流れは強まるでしょう。

――にもかかわらず、拓銀破綻から20年たった今も、北海道は官依存体質から脱却しきれていないと。

例えば、ＪＲ北海道の単独維持困難路線を巡る問題一つとっても、市町村をまたぐ河川や道路と同様に「広域行政で扱うもの」という観点で見れば、道がもっと主体的に関与すべき案件だと思います。個別の路線の存廃に踏み込むことも、場合によっては必要かもしれない。国に頼るのはそれからでしょう。ＪＲに限った話ではありませんが、まずはやる気を出すことが大事。お金がなくても知恵を絞ればやれることはあるはず。「ない袖は振れない」という言い訳をしている場合ではありません。

【取材後記】

「何ができる」考えたい

経済部　宇野一征

「新知事の下、自主自立に向けた改革を成し遂げてほしい」。2003年、2期8年の道政運営を終えた堀さんは退任時にそう述べ、高橋はるみ知事にバトンを渡した。拓銀破綻後、道内では脱・官依存のかけ声の一方、「国が拓銀をつぶした側面もある」として手厚い経済対策への期待も根強かった。結果的に政府が大盤振る舞いの経済対策を行い、自立の機運は次第にしぼんでいった。

この点を堀さんにぶつけたところ、「地元負担を伴う公共事業は避けたかったが、そう言っていられない側面もあった」と複雑な表情を浮かべたのが印象的だった。経済危機の中、自立と依存の間で苦悩した様子がうかがえた。冒頭の退任あいさつには、官依存からの脱却を道半ばで終えた無念さもあったろう。

心理学者の故河合隼雄さんによれば、人の自立とは「独りで生きることではなく、適切な依存ができること」。自治体も同じ。適切な依存は、まず自分たちに何ができるか考えることと同義だと思う。

北海道命名から150年が過ぎた。北海道の自立とは何か。道民一人一人があらた……めてこの命題に向き合わなければならない。

断罪より事実究明を

弁護士　国広正さん

1999年6月、破綻した長銀の元頭取ら旧経営陣3人が証券取引法違反容疑で逮捕された。不良債権の額を少なく見せるため、98年3月期の決算を粉飾した疑い。国広正さんは弁護団の一員として訴訟に関わり、9年後の2008年、全員無罪を勝ち取る。国広さんは、経営の失敗について刑事責任を問うのは誤りだと指摘する。

――著書「修羅場の経営責任」で「(刑事)裁判は犯罪の存否を確定する場であって、真実を総合的に検証する場ではない」と書いています。

刑事裁判が威力を発揮するのは殺人や強盗などの場合です。経営責任に関しては何月何日におまえはどこにいて、この書類を読んだか読まないか、なんて本質論じゃない。歴史的経緯とか、政治家が何を言ったかなどは関係なく、有罪か無罪かだけ。また、逮捕されたのは最後の「リリーフ」で出てきた人たち。破綻の本当の原因をつくった経営陣は時効などの壁に守られた。これが刑事裁判の限界です。

くにひろ・ただし　1955年、大分県出身。東京大学法学部卒業。長銀事件では副頭取の刑事弁護人を務め、最高裁で逆転無罪判決。2014〜18年、JR北海道再生推進会議委員。

――長銀だけでなく、拓銀、日債銀の元経営陣も刑事責任を問われました。

大きな経済事件が起きると責任者を引っ張り出して「しばり首」にして、みんなで大喝采して終わり、という方向になりがちです。その典型が長銀事件です。粉飾決算だったかどうか、刑務所に入れるかどうか、そんなことばかり。本当に必要なのは、大きな失敗の事実を究明し、原因を追究し、将来に生かすことです。本当の意味での原因分析が行われなかったのは国民にとって大損失でした。

――拓銀の元頭取、河谷禎昌さんは商法の特別背任罪で実刑判決を受けました。

特別背任は、具体的な融資をする際に「焦げ付くかな」と思ったかという点が焦点。拓銀は、融資が焦げ付いたという事実があり、有罪にする理屈がつきやすかった。検察は長銀も特別背任でやろうとしたけれど、焦げ付いた事実がなかったので粉飾決算という難しい理屈を持ち出したのでしょう。一審、二審は有罪で、最高裁でひっくり返りました。

――拓銀と長銀の違いは何でしょうか。

基本的な構図は同じですよ。バブルの中で、いけいけどんどんになり、撤退の時期を見誤った。世の中の流れが変わっているのに、最後は国が何とかしてくれるとの甘えが経営陣にはあった。有罪と無罪に分かれましたが、拓銀も長銀もどちらの経営陣もまずかったのです。

――ＪＲ北海道の再生推進会議（２０１８年11月に解散）の委員として、「ＪＲは拓銀の二の舞いになってはいけない」と提言していますね。

拓銀は身の丈にあった経営をせず身動きが取れなくなった。経営者も悪いですが、「北海道のためにカネをつぎ込め」と言われ、いい顔をし続けてきました。ＪＲも身の丈からすると成り立たないのだけれど、「特急走らせて、スピード上げて、もっと本数を」と言われ、安全コストを削減し、データ改ざんや事故につながった。路線見直し論議では、体力がない中で住民のためにどういう交通形態にすべきなのかという議論が乏しい。このままでは、拓銀の二の舞いになります。

――拓銀破綻の教訓をどう生かすべきでしょうか。

「最後は国に助けを求める」というマインドを変える必要があります。少子高齢化と人口減は、金融危機直前の金融ビッグバンと同じ、非常に大きな歴史の転換期です。北海道はこの問題では「先進県」。同じことが今後、全国で起きていくのだから、前向きに捉えて自分たちで克服し、「北海道モデル」としてアピールすべきです。

【取材後記】

「痛み」から逃げない

経済部　本庄彩芳

拓銀の元頭取2人は商法の特別背任容疑で、長銀の元頭取ら3人と日債銀の元頭取、東郷重興さんら3人は証券取引法違反容疑で、いずれも1999年に逮捕、起訴された。拓銀の2人は有罪。長銀、日債銀の6人は無罪を勝ち取ったが、長い裁判闘争を余儀なくされた。国広さんの指摘通り、刑事訴訟では破綻の原因は明らかにならなかった。

破綻の一義的な責任は旧経営陣にある。ただ、これまでの8人のインタビューを通じ、有効な対応を取れなかった大蔵省や、危機を目の前にしながら大胆な決断ができなかった政治家たちの「失敗の連鎖」が一因となった構図も浮かび上がってきた。

「痛みから逃げると助からないんだ」。企業の危機管理のスペシャリストである国広さんはこれまでの経験からそう指摘する。例えば拓銀は、カブトデコムなどへの融資について、「痛み」を覚悟してもっと早く損切りしていれば、破綻は免れたかもしれないとする。

「生き延びるための外科手術をするか、ごまかし続けるか」。国広さんが示す選択肢は、人口減少と少子高齢化が避けられない、いまの北海道にも突きつけられていると感じた。

第四章

不屈の企業たち

道内経済を支えてきた拓銀の破綻は、道内企業に大きな衝撃を与えた。特に拓銀をメインバンクとしていた企業は、大きな不安に覆われた。問題は、拓銀が抱えていた道内企業に対する融資を、道内事業の譲渡先である北洋銀行がどこまで引き継ぐのかということだった。

買い取り額割り引く新基準適用

譲渡作業の中核を担ったのが、拓銀破綻直後に発足した「引き継ぎ委員会」。拓銀と北洋銀行の幹部で構成され、①回収に不安のない正常債権は簿価で買い取る ②回収困難な不良債権「第3・第4分類債権」は引き継がず、整理回収銀行（現整理回収機構）に時価で売却 ③グレーゾーンの「第2分類債権」はケースバイケース――を原則として選別作業を進めた。

作業上の焦点となったのは、この第2分類債権への対応だった。それまでの破綻処理では、第2分類債権の大半は整理回収銀行に売却されていた。ただ、厳しい回収を進める整理回収銀行行きとなった企業は、すぐに経営危機に直面することになる。

拓銀のケースで同様の対応をした場合、企業の経営破綻が相次ぎ、道内経済に深刻な影響が及ぶことは避けられない。一方、北洋銀行が多くの債権を正常債権と同じ簿価で引き受けると北洋銀行の財務内容が一気に悪化する。

そこで考え出されたのが、「割引現在価値法」（DCF法）という、当時としては新しい会計基準の適用だった。将来の貸し倒れ発生の可能性などを考慮して債権買い取り額を割り引く方式で、北洋銀行は3年以内に再建が可能と見た道内企業に限ってこの手法で引き受けることを打ち出し、国も認めた。この結果、北洋銀行は拓銀の第2分類債権の75％の額を引き継いだ。

拓銀破綻に伴い、たくぎん抵当証券、たくぎん保証など拓銀の関連会社が次々に倒産。エイペックス、テルメグループ3社など、バブル期に拓銀の強い支援を受けてリゾート開発を進めたカブトデコムとソフィア・グループの関連会社も破産した。木材販売道内最大手の天塩川木材工業、漁業資材製造大手の函館製網船具など、本業不振で拓銀の支援を受けながら経営再建を進めていた老舗企業の倒産も目立った。

帝国データバンクによると、拓銀破綻翌年の1998年の道内倒産件数は1010件。ただ、拓銀をメインバンクとする倒産は97件にとどまった。帝国データバンク札幌支店は「北洋銀行への債権引き継ぎが比較的スムーズにいった上、道なども手厚い中小企業支援策を取ったため、優良企業まで続々と連鎖倒産するような事態は避けられた」とみている。

道内の打撃最小限に

北洋銀行で融資を引き継いだ
高向巖氏

北洋銀行副頭取として「引き継ぎ委員会」のトップを務めた高向巖・元北洋銀行頭取がインタビューで「選別作業」の詳細を語った。「引き継ぎ作業はうまくいき、道内経済への打撃を最小限にできた」と振り返る。

――拓銀破綻後、企業倒産が相次ぎました。

拓銀破綻で多くの企業が倒産したというのは因果関係が逆です。もともと経営基盤が弱い企業を、拓銀が「優しいお父さん」として支えていました。北海道経済のバブル的な部分、非効率な部分の面倒を見ていたと言ってもいい。

――委員会では、どのように選別したのですか。

（不良債権の）第3・4分類債権は引き取らず、（グレーゾーンの）第2分類債権は再建計画が作れるかで判断しました。拓銀は北海道のバブルの面倒を見た結果、倒れました。引き継ぎに当たっては北海道経済の反省がなければならない。だからバブル的、非効率な部分は全部切る方針でした。

――正常債権なのに、「北洋銀行と企業文化が違う」として引き継がれなかった企業もあったと聞きます。

確かにありましたが、それは当時の武井正直頭取（故人）独特の言い回し。財務内容を基に判断したのが実態です。

――引き継ぎ作業はうまくいったと思いますか。

債権の引き継ぎは全体としてうまくいき、道内経済へのショックを最小限にとどめられたと思います。ただ、会社の体力が分かる貸借対照表だけでなく、お金の流れを示した「キャッシュフロー」をきちんと分析していなかったなど反省点もあります。貸借対照表の内容が悪くて北洋銀行が引き受けなかった第一臨床検査センター（現アインホールディングス）は、その後急成長しました。大谷喜一社長には後におわびしました。

――拓銀破綻後の20年間で、企業と金融機関との関係はどう変わりましたか。

金融機関は、経営不振に陥った企業に追加融資して付き合い続けるやり方をやめ、合併や営業譲渡、会社整理を促すなど企業再生を重視するようになりました。リスク分散の観点から企業が取引銀行を複数に広げる動きも進みました。

――道内企業に今後期待することは。

現状に満足せず、事業拡大の意欲をもっと強く持ってほしい。特にＩＴや福祉・介護関連は、成長性が高い分野です。勢いのある菓子製造業者も、道内にとどまらず、道外でも活躍する企業に育つことを願っています。

不屈の企業たち　ニトリとアイン　トップ対談編

北海道経済は、拓銀の破綻で激しい逆風にさらされることになった。似鳥昭雄ニトリホールディングス会長と大谷喜一アインホールディングス社長も倒産の危機に直面したが、それぞれの企業を日本を代表する規模に成長させた。

そんな両氏が2018年2月、東京都内で対談し、当時の緊迫した状況を振り返るとともに、危機を乗り越え事業を拡大させることができた要因などを語り合った。

ピンチ逆手に急成長

50億円返済に奔走　似鳥氏
融資引き継がれず　大谷氏

――2人にとって拓銀はどんな存在でしたか。

似鳥氏　創業以来、北洋銀行が、ずっとメインバンクでしたが、拓銀の借り入れを少しずつ増やしていました。拓銀の存在感は道内では圧倒的で、力の一番強いところと取引しなければだめだと考えました。ただ、融資を断られたらもう一方に行かなければならず、両方といい関係をつくろうとしていました。

大谷氏　拓銀は道内企業を育てようという意識が強かったですね。旭川で臨床検査事業を始めた35年ほど前、売り上げが全然なかったのに僕の個人保証だけで融資してもらいました。

――似鳥さんは1997年11月の拓銀破綻をどこで聞いたのですか。

似鳥氏　インドネシア工場にいました。（社員から拓銀が破綻しても会社は）大丈夫だと言われ、予定通りオーストラリア旅行に行ったら1週間後に山一證券が破綻。今度は「スイス銀行が3日以内に50億円返済するよう求めてきた。すぐに帰ってください」と。

――スイス銀行は50億円分の転換社債を引き受けていて、その保証を拓銀と山一證券がしていたのですね。

似鳥氏　3日以内に返さないと不渡り宣言です。帰国に1日かかり、2日目に取引があった全金融機関を回ったけれど、みんな断られた。ある銀行には「拓銀がつぶれて北海道経済はもうだめだ」と突き放された。「増収増益の一応優良企業です」と言ってもむだでした。

――金融機関が融資を絞り込んでいた時期です。

似鳥昭雄氏
ニトリホールディングス会長
1944年、樺太(現サハリン)出身。
北海学園大学経済学部卒業。

大谷喜一氏
アインホールディングス社長
1951年、宗谷管内浜頓別町出身。
日本大学理工学部卒業。

似鳥氏　あきらめかけた3日目、住友信託銀行（現三井住友信託銀行）がうちの株を少し持っていたことを思い出したんです。自分を鏡で見たら顔が真っ青で、いかにも倒産しそうな表情。「これじゃ融資は断わられるよな」と思い、眉毛を描いて、ほお紅さして「俺は金持っているぞ、俺は金持っているぞ」って自己暗示をかけて。銀行では支店長に明るい声で「こんにちは。僕ねえ、昔から住友信託が大好きで」って。もう破れかぶれです。

——結果は。

似鳥氏　支店長が「担当役員に私のクビをかけるなら融資していいと言われたが迷っている」と言うので、「ぜひクビをかけてください。支店長が出世するようバックアップします。恩は必ず返します」と言って、その場で融資が決まりました。返済締め切りの3時間前です。僕は、運はいいです。ピンチでも前向きに進んでいると運がやってきます。

——大谷さんもかなり苦労があったようです。

大谷氏　多角化がうまくいかず、広げた事業の整理を始めた時に、メインバンクがなくなっちゃった。拓銀はV字回復するのを分かってくれましたが、北洋銀行は融資を引き継いでくれず、眠れぬ夜が続きました。夜中に汗びっしょりで目が覚めるんです。拓銀には30億円くらい借りていましたが、北海道銀行が引き受けてくれたので今日がある。整理回収銀行（現整理回収機構）に回されていたら大変でした。

——倒産の危機だったのですね。

大谷氏　3期連続で赤字だったこともあるんですけどね。事業を整理すると商品や保証金が返ってくるからキャッシュは持っていたんです。でも、当時の銀行はキャッシュを召し上げてしまうので置いておけない。それで別の信金などに回すということもやりました。

銀行頼り過ぎ、危険　似鳥氏
多角化失敗に学ぶ　大谷氏

――大谷さんは、95年にホームセンターに参入するなど多角化を推進しましたね。

大谷氏　そのころ似鳥さんに「大丈夫なのか」と言われ、私は「だめです」とは言えず「大丈夫です」と答えました。この話になると、いまでも似鳥さんに結構怒られるんです。

似鳥氏　絶対にうまくいかないと思っていました。「撤退するなら早い方がいい」と言ったんですけど。

――多角化の理由は。

大谷氏　多角化する会社って本業に自信がないんだと思うんです。そんな状態だから何とか利益を上げたい、売り上げを伸ばしたいと考える。私が当時手掛けていた臨床検査は、病院という限られた市場でパイを奪い合わなければならず、調剤薬局事業も医薬分業が進まず自信は持てませんでした。札幌などに出店していたドラッグストアの規模を大きくするうちに、いっそ、ホームセンターや家電量販店を始めた方がいいと思ってしまったのです。

――2年後に撤退しました。

大谷氏　始めてすぐに「私たちの仕事じゃない」と分かりました。ドラッグストアは商品点数が1万5千点程度なのに、ホームセンターは約10万点。撤退後、約60億円あった自己資本は半減し、赤字が続き、増資しようとしてもだれも応じてくれませんでした。ところが99年、宴席で隣り合った似鳥さんに増資のことを明かすと、2億円近くをぽんと出してくれました。驚きました。それから似鳥さんにいろいろと相談させていただくようになりました。

――似鳥さんは、多角化を考えなかったのですか。

似鳥氏　考えました。30代のころ、釧路の石黒ホーマ（現DCMホーマック）が出てきて、こんな商売があるんだな、視察した米国にも大きなホームセンターがあったな、おれも家具から転換したいなと思いました。結局出るチャンスを失いましたけど。40代では玩具のチェーン展開をしようと店舗の仮契約までして、社員や妻に大反対されてやめました。

――参入していたらどうなったでしょうか。

似鳥氏 ホームセンターをやっていたら競争に負けていたでしょう。家具は競争が少なかったですし、ホームファニシング（家具と家庭用品全般）を日本で初めて創業した効果で日本一になったのだと思います。

大谷氏 ニトリは競争相手がいないんですよ。

似鳥氏 大切なのは先に手を掛ける「先制主義」。多角経営せず本業に集中する「集中主義」。そして「一番主義」。地域で、日本で、一番を目指す。

大谷氏 経営者って何でもやりたがってしまうところがありますから。

似鳥氏 好奇心旺盛だから、別の事業をやりたいって思っちゃう。この誘惑を止めるのは大変ですよ。

1967年に札幌市北区に開業した似鳥氏の家具店1号店。1店しかなかったが、大きい企業に見せるため「卸センター」や「北支店」と名付けたという(ニトリHD提供)

第一臨床検査センター(現アインHD)が1993年に旭川市に開設した「第一薬局」(現アイン薬局豊岡店)。同社としては初の調剤薬局だった(アインHD提供)

――拓銀の破綻で経営方針は変わりましたか。

似鳥氏　銀行などに経営面で頼り過ぎるのは危険だと思いました。無借金はもちろん、資金を持つためには利益率を上げること。昔の利益率は5％。それから10％に引き上げて今は17％。拓銀破綻がなければ5％程度で満足していたかもしれません。

大谷氏　拓銀破綻時のような思いは二度としたくないので、損をしても会社として影響を受けない一線を常に考えています。「いちかばちか」という判断は絶対にしません。多角化の失敗で、トップは会社がどの程度のリスクに耐えられるか判断しなければならないことを痛感しました。

道内企業が「萎縮」　似鳥氏
客の目はシビアに　大谷氏

――拓銀はなぜ破綻したのでしょうか。

似鳥氏　一部の企業を信用しすぎて融資が甘くなったのではないでしょうか。経営者に必要なのは「先見力」。10年、20年先に事業がどうなるかを見通せるのが優秀な経営者です。

事業が将来どうなるか見通せないまま、どうやるか、というところに入ってしまい、後戻りできなくなったのでは。

大谷氏　ガバナンス（内部管理体制）がしっかりしていなかったのでしょう。東京本部でかなりの不動産融資を行っていましたよね。札幌の本部が知らないうちに勝手に動いていた印象があります。

似鳥氏　拓銀は（90年に）新興企業育成のために総合開発部を新設したけれど、チェック機能が甘かったのでしょう。

――胆振管内虻田町（現洞爺湖町）でリゾート開発を進めたカブトデコムや札幌市北区茨戸地区にリゾートを造ったソフィア・グループなどへの甘い審査での巨額融資が破綻の一因とされています。破綻は拓銀そのものの責任でしょうか。

似鳥氏　いや、責任は国にも少しはあると思います。北海道経済を守るために国は拓銀を助ける選択肢もあった。時間がかかっても政府の後ろ盾があれば再建できたのではないでしょうか。ただ、拓銀にはそうした国の助けを得るための「政治力」がなかった。

大谷氏　90年に大蔵省が（銀行の不動産向け融資に上限を設ける）総量規制を行い、バブルが崩壊して株価も地価も大幅に下がった。みんな「いつかは回復する」と思ったけれど、97年にああいうことになった。バブルが崩壊して金融危機が着々と進み、それを早い段階で処理できなかった。国がバブルを止めるやり方が、あまりにもハードランディングになっちゃった。

――拓銀破綻は、その後の道内経済にどんな影響をもたらしましたか。

似鳥氏　最低でも「失われた10年」だったと思います。本州からは「北海道はダメだ」という目で見られるようになったし、本州の企業が北海道を「侵食」する速度が早まりましたよね。20年前を境に多くの道内企業は沈滞してしまい、倒産しないように嵐が通り過ぎるのを待つ状態になった。

――企業が守勢に回ってしまったのですね。

似鳥氏　私たちのように道外に打って出る企業もなかなか出てきませんね。もっと後に続いて北海道から日本一になる企業が出てほしいのに。なんか萎縮しちゃった感じですね。

拓銀破綻時を振り返り、経営方針の変化などについて語り合う似鳥昭雄ニトリHD会長（左）と大谷喜一アインHD社長

――拓銀破綻で消費者の意識は変わりましたか。

大谷氏　株価や土地などの資産価値が軒並み下がったこともあり、お客さんの目がシビアになったのは確かだと思います。ニトリが成長した原動力は、安くて質が良い商品づくりを実現したから。そう考えると、やはりどんどんシビアになっていったのでしょう。

似鳥氏　ただ、そうした厳しい環境だからこそ、たくましい筋肉をつけて全国進出できた。拓銀破綻後、当社やホーマック、ツルハなどの成長ぶりは「北海道現象」と呼ばれました。北海道は商品配達一つとってもマチとマチが離れているから、10円でも20円でもコスト削減へ努力します。本州進出は怖い。ぼくも巨大なゾウと戦うように思えて怖かった。でも北海道の企業はローコスト経営で強いはず。本州に出たら楽でしょうがない。そんなビジョンを持ってほしいです。

目標は100倍発想で　似鳥氏
トップが将来像語れ　大谷氏

――2人が道外進出を考えたのはいつごろですか。

似鳥氏　創業当時から本州に進出して日本一になりたいと考えていました。経営コンサルタントの渥美俊一先生（故人）が主宰するチェーンストア研究団体「ペガサスクラブ」に33歳で入会し、しごかれました。売上高が30億円程度だった1979年、大きな長期計画を立てろと言われ、「2002年に100店、年商1千億円」という途方もない計画を立てました。

大谷氏　似鳥さんは約40年前に社員を海外研修に連れて行った。有望企業として週刊誌に載りましたね。私は似鳥さんのような明確な目標はなかったけど、東京で会社員だったこともあり道外進出への抵抗はもともとありませんでした。

――道内企業の経営者をどう見ていますか。

大谷氏　似鳥さんや私が本州に出て行ったころは、意欲的な若手経営者がたくさんいましたよね。

似鳥氏　いまは道内で満足している人が多いです。日本でトップクラスにならないと商品も価格も変えられず影響を及ぼせません。だから日本一を目指してほしい。

――どうすればいいですか。

似鳥氏　30年の長期計画を立てること。「100店、1千億円」計画は、1年遅れで達成でき、私自身が一番びっくりしました。高い目標から逆算して5年ないし3年の中期計画を立て、さらに1年ごと、3カ月ごとに計画したことを実行する。結果的に目標の半分でも3分の1でも達成できればすごい数になる。目標は（現状の）「100倍発想」で立てるべきです。

大谷氏　売り上げが1億円の時に「100億円にしたい」と社員に言いました。ちゃんと理屈もつけて「だからいける」と説明した。本当は自分が一番疑問を感じていたんですけどね。

——目標が高すぎるのではないですか。

似鳥氏　現状からの積み上げでは売り上げは数%しか伸びません。大事なのは目標達成のためにどうするかという逆算の発想です。そうすると現状を否定することになる。ちょっとずつ改善するのではなく、新しい乗り物に乗って大部分は捨てるイメージです。

——いまの国内の景気をどうみていますか。

似鳥氏　ちょっとしたバブルで、東京五輪が終われば、はじけますよ。消費税率も上がるし、大不況になるでしょう。その時こそチャンスです。

大谷氏　似鳥さんによく言われるんですよ。いまは力を蓄える時期だ。これからだって。

似鳥氏　みんな「景気良くなれ」と言いますが、好況の時は競争相手が一緒に動くし土地や建物も高くなる。私は、景気が悪くなる時期を調査して準備しています。小が中に、大になるにはそれしかないんです。

——売上高はアイン2481億円（2017年4月期）、ニトリ5129億円（2017年2月期）。この先見据えるのはどんな会社ですか。

大谷氏　10年後は売上高1兆円、店舗数3千店を目指したい。利益率10％は無理にしても、少なくとも7～8％くらいにはね。

似鳥氏　うちの目標は15年後に世界で売上高3兆円、店舗数3千店です。

——夢は広がりますね。

大谷氏　トップがビジョンを語らなければ、他に語れる人はいません。私たちは「とにかくやるんだ」と言うしかないですよ。

両社の売上高の推移

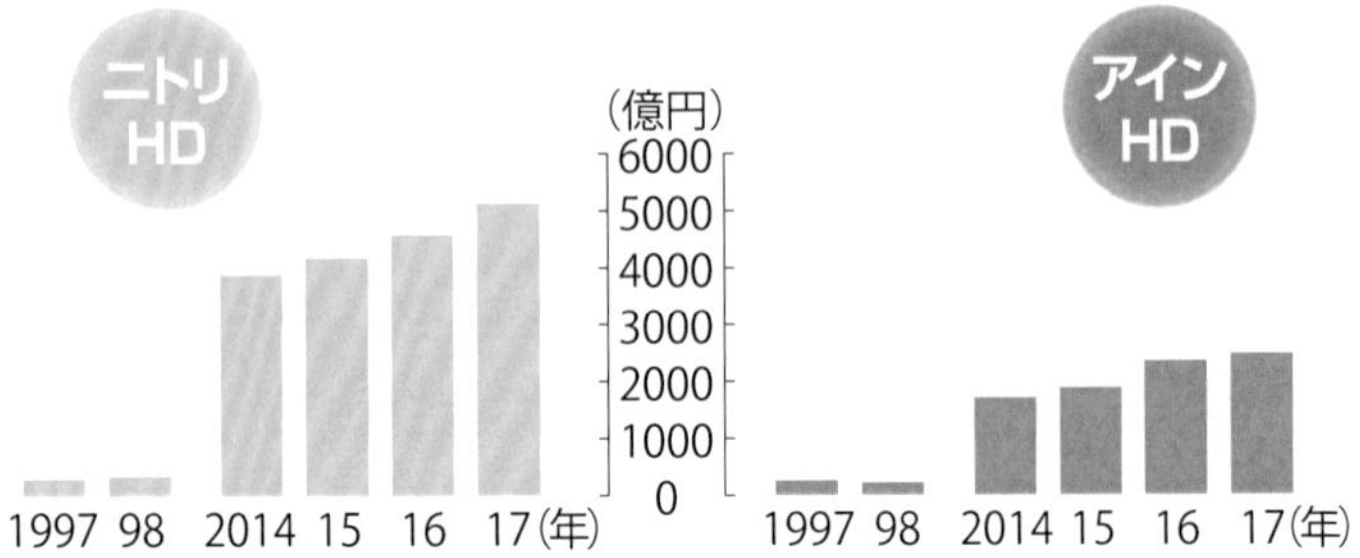

似鳥氏・大谷氏と会社の歩み

■ニトリHD		■アインHD
札幌市北区で「似鳥家具店」創業	1967年	
「似鳥家具卸センター」設立	72	
	80	薬局経営の「オータニ」設立
社名「ニトリ」に	86	
	88	「第一臨床検査センター」社長に
札証上場	89	第一臨検がオータニを吸収合併
茨城県に本州1号店	93	旭川市に調剤薬局開設
	94	店頭市場上場
	95	ホームセンター参入(97年撤退)
97年11月	北海道拓殖銀行破綻	
	98	社名「アインファーマシーズ」に
東証1部上場	2002	今川薬品(茨城県)と合併
100店舗達成	03	原宿に「アインズ&トルペ」出店
	06	医薬品卸業を開始
台湾・高雄市に海外1号店	07	
200店舗達成	09	東証2部上場
持ち株会社制に移行、現社名に	10	東証1部上場
300店舗達成、米国初出店	13	
400店舗達成	15	持ち株会社制に移行、現社名に
ニトリHD会長に就任	16	葵調剤買収
売上高5129億円。現在、店舗数523店(国内467店、海外56店)	17	売上高2481億円。現在、調剤薬局1043店、ドラッグストア48店

不屈の企業たち　それぞれの闘い――教訓と〝今〟編

拓銀破綻で経営に打撃を受けながら、そこから教訓を得て立て直したり、新たな道に進んだりした企業や経営者の「それぞれの闘い」を紹介する。（肩書は２０１８年３月時点）

機器調達滞り事業縮小／「身の丈経営」で克服

中道リース

総合リース道内大手の中道リース（札幌）の関寛社長は、拓銀破綻翌年の１９９８年の出来事が忘れられない。道内外の営業拠点22カ所のうち、10カ所を閉鎖し、現地採用の40人を雇い止め。一人一人と会って「申し訳ありません」と頭を下げた。「最大の痛恨事。もう二度としたくない」と振り返る。

72年の設立以来、拓銀がメインバンクだった。融資の1割強を頼り、関社長は拓銀の取引先の若手経営者でつくる「80（はちまる）会」の代表幹事も務めた。97年は創業25周年の節目の年。売上高は過去最高の４８５億円を見込み、次の目標として1千億円を視野に入れ始めていた。

そして11月の破綻を迎える。融資は北洋銀行に引き継がれたものの、会社が保有していた拓銀株は紙くず同然となり、損失は5億円を超えた。リース用機械設備を供給してくれていた道外企業は、手形決済を現金払いに変えるよう態度を一変。リース用設備の調達が滞り、事業を縮小せざるを得なかった。

2001年ごろには社内も落ち着き、閉鎖した拠点を順次再開した。ところが05年、関連会社の中道機械との合併が発表後1カ月で白紙に。中道機械側の事情にもかかわらず、中道リースに対する信用不安が起こる。このため06年、当時の北洋銀行の持ち株会社、札幌北洋ホールディングス（ＨＤ）を中心とする30億円の第三者割当増資を実施。うち26億5千万円分は、配当負担の重い優先株だった。

08年のリーマン・ショックで景気が冷え込んで業績が悪化した上、09年に中道機械が経営破綻し、同社株の評価損を特別損失に計上したため、同年1月期は創業以来初の赤字決算となった。それでも医療機関向けコンサルタント業務など新分野にも挑戦した。

17年12月、当初計画より2年遅れで全優先株の消却を終えた。現在は、地元信用組合からメガバンク、関西や四国、九州と遠方の地銀も含め約80の金融機関と取引する。20年前の2倍で「リスク分散に加え、情報収集にも役立つ」という。

18年12月期の売上高は393億円。過去最高だった1998年1月期の478億円には及ばないが、右肩上がりが続く。17年1月には、拓銀破綻後に一度閉めた群馬県の高崎支店を復活。関東の1都6県全てに拠点を置いた。

周囲から「海外進出は」と聞かれることが増えたがその気はない。「この20年で学んだ

「拓銀破綻で、身の丈に合った経営の重要さを学んだ」と語る関寛社長

のは、背伸びせずに身の丈に合ったやり方を続けていく大切さ。少しずつ数字を伸ばしていけばいい」。関社長の控えめな態度は、浮き沈みを味わった体験に裏打ちされている。

破綻前年「貸しはがし」／不況時あえて開発推進

電制

江別市の電機・電子機器メーカー電制は、1996年秋にメインバンクを拓銀から北洋銀行に切り替えていた。業績は堅調だったが、拓銀が融資の早期返済を迫るなど態度を急変させてきたからだ。拓銀は資金繰りが苦しくなり始めた時期で、返済能力のある優良企業からの回収を急いでいた。

それから1年後、拓銀は破綻した。「信じられないことが起きたと思った。メインはすでに北洋銀行だったので直接的な影響はなかったが、間接的な打撃は大きかった」。当時、取締役技術部長だった田上寛社長は、こう振り返る。

77年に設立し、発電所の管理システムや計測器など法人向けの機器を扱っていた同社は、90年代に入り個人向け医療福祉機器の開発に乗り出した。第1号が、がんなどで声帯を摘出した人の会話を支援する電気式人工喉頭「ユアトーン」。拓銀破綻は、その生産体制が整い販売の準備を進めていたタイミングだった。

製造業は設備投資や研究などに多額の資金が必要となる。開発の最中にメインバンクが破綻していたら「大変な事態になっていた」と田上氏は振り返る。「ユアトーン」は予定通り98年4月に発売でき、全国から引き合いが来るようになった。

しかし、2000年ごろから同社に逆風が吹き始めた。拓銀破綻の余波で道内景気が低迷し、取引先の企業が古くなった機器の更新を遅らせたり、価格の引き下げを求めたりするケースが増えてきたのだ。

1997年3月期に16億9千万円だった売り上げが2002年6月期は10億3千万円、08年6月期は9億1千万円になった。開発費を削り、採用も抑制するなど「守りの経営」を余儀なくされる中、08年9月、田上氏が社長を引き継いだ。

田上氏が社長に就任した初日、大きなニュースが飛び込んできた。「米リーマン・ブラザーズ破綻」。経営環境のさらなる悪化が懸念されたが、田上氏は「こうなったら大胆に動くしかない」と腹をくくる。再び研究開発に積極的に取り組むことを決め、技術系を中心に採用も増やした。

自社工場の設備を背に「転んでも大ケガをしない程度の背伸びは必要」と力を込める田上寛社長

レーザー光線で漏油を検知するセンサーや、発話障害のある人に代わって音声を発するスマートフォン用アプリなどの新製品を相次いで発売。18年6月期の売り上げは17億7千万円と、拓銀破綻前の水準に回復した。

田上氏は拓銀破綻の経験から、「貸しはがし」に備え、過度に融資に頼らないよう心がけてきたという。「何が起きるか分からないのでリスクは分散する。ただ、転んでも大ケガをしない程度の背伸びは必要だ」。田上氏は自らにこう言い聞かせながら、事業拡大の可能性を探っている。

受注が急減し合併を選択／時代を読み、VR参入も

山藤三陽印刷

札幌の印刷会社、山藤《さんどう》三陽印刷は、1896（明治29）年創業の老舗、山藤印刷と、拓銀の関連会社を前身とする三陽印刷が2004年に合併して発足した。

合併の主因は拓銀破綻だ。破綻前、拓銀の印刷物はこの2社が請け負ってきた。山藤印刷の場合、メインバンクでもあった拓銀からの受注額は、売上高の5％程度。トップ3に入る大口取引先を破綻で失った上、関連企業が連鎖倒産し、受注は低迷した。

関係者によると、1999年の売上高は、拓銀破綻前に比べ山藤印刷が1割、三陽印刷は3割も減少。2000年以降も、企業のペーパーレス化や自宅用プリンターの高性能化、長引く景気低迷と低価格競争が進み、収益力が低下した。その上、印刷業者は定期的な大型設備投資も必要だ。

VR端末を前に「若者の視点は生き残りに不可欠です」と語る加藤慎司常務

合併の道筋を付けたのは、拓銀破綻後に役員を派遣するなどして三陽印刷の経営を実質的に主導してきた北洋銀行。合併前に2社合わせて約340人いた従業員は90人ほど辞めることになった。山藤印刷出身の加藤慎司常務は「優れていた三陽印刷のシステムで統一したが、社員が慣れるまで2年ほどかかった」と振り返る。

合併後、加藤常務を含めたベテラン社員たちは「あの拓銀でもつぶれた」という危機感を胸に、技術革新に対応してきた。最新鋭のシステムや印刷機を導入して納期の大幅短縮や鮮やかな発色につなげ、顧客満足度を向上。企業や団体のホームページや電子看板の制作など、デジタル分野も開拓した。効率化を図った分、スリム化も進む。現在は従業員数160人の筋肉質な企業になった。

17年10月から新たに始めたのは仮想現実（バーチャルリアリティー、VR）に関するサービス。特殊なゴーグルを掛けると360度映像が映り、その場にいるかのような臨場感を味わえるものだ。不動産物件の紹介や結婚式場の案内などへの活用を想定している。

取り組みは、若手社員からの提案がきっかけ。従来の業務内容とは畑違いに見えるが、同社は「実は、デジタル画像編集は得意分野。紙以外の媒体でも、さらに強みを発揮していきたい。モノからコト消費に移っている今、需要を掘り起こしたい」とする。

印刷業界を取り巻く環境は引き続き厳しい。国の工業統計調査によると、1997年に710カ所あった道内の「印刷・同関連業」の事業所は、最新の2017年調査では315カ所と半分以下となった。「これまでは印刷は受注産業。これからは能動的にならないと生き残れない」と加藤常務。時代の先を読み柔軟に対応していく姿勢が、教訓として老舗企業に生きる。

融資方針一変し、身引く／経営再挑戦、より慎重に

旧カウボーイ

拓銀破綻9年後の2006年12月下旬、大型ディスカウントストア「カウボーイ」社長だった中野晃氏は、株主総会で会社の身売りと自身の退任を表明した。「財務状況がそれほど悪かったわけではない。拓銀破綻がなければ、商売を続けられた」。そんな悔しさが心に浮かんでいた。

カウボーイは業務用食肉卸として1973年に設立。土日だけ営業する激安スーパーとして90年代前半に急成長し、拓銀のインキュベーター（新興企業育成）路線の「優等生」（元拓銀幹部）とも呼ばれた。

しかし、メインバンクの拓銀破綻を機に状況は一変。融資を引き継いだ北洋銀行を含む金融機関から、大型施設の建設などで膨らんだ借入金約200億円の早期返済を迫られ、資金繰りは苦しくなった。破綻後の査定では「正常債権」に分類され、所有不動産の簿価

「商売に完成はない。いろいろなアイデアを形にしていきたいね」。ナカノフーズ本社前で意欲を語る中野晃社長

も約400億円あったが、銀行はバブル期の反省を踏まえ、不動産よりも現金収支を重視するようになっていた。

「最後は借金を返すために借金する状態に陥り、経営を立て直すどころじゃなくなった」。

自力再建に限界があると悟った中野氏は証券会社に経営権を譲り、自身も身を引くことを決意。それから2年後の2008年、カウボーイは「トライアル」に名を変え再出発した。

■銀行に頼らず

中野氏が現在経営する食肉卸会社「ナカノフーズ」を設立したのは、退任から約1カ月後の07年2月。カウボーイの原点となった食肉卸で再出発したのは、「このままヘタっていても、自分はおかしくなるだけじゃないか」と、経営者として不完全燃焼感を抱えていたからだ。20代のころから経営者の道を歩み、「いまさら『使われる側』に戻れない」との思いもあった。

再起に挑んだ中野氏の経営手法には、拓銀破綻を通じて痛感した教訓が随所に生きる。最も大きく変わったのは銀行を頼らなくなったこと。現在の借入金は地元金融機関から「付き合い」で借りた運転資金約5千万円のみ。工場兼事務所も「借金はしたくない」と購入せず、賃貸にしている。

破綻前の拓銀は大半の道内企業にとって「絶対的な存在」(道内経済界関係者)。中野氏も拓銀幹部から「おたくの融資の最終目標は1千億円だ」と借入額の上乗せを求められ、言われるがまま、融資を受けたことも少なくなかったという。「借りる必要のない金もあったが、拓銀の『お墨付き』を得て気が大きくなった側面もあった。いま思えば会社は常に身軽にしておくべきだった」

経営判断はカウボーイ時代よりさらに慎重になった。17年12月に札幌市内にオープンした直営の格安ステーキ専門店は、成功した場合に取引先の飲食店が同じ業態の店を展開する約束を取り付けた上で出店した。かつてなら直営店を拡大したところだが、リスクを抱えずに食肉の卸先を広げられる道を選んだという。出店費用も、銀行から融資を受けずに所有不動産の売却資金を充てた。

■何度も復活できる

中野氏は拓銀破綻に端を発した経営危機を経て「経営者はリスクをどう回避するかという問題と最後まで戦わなければいけない」と痛感した。カウボーイの経営権を手放した2年後の08年にはリーマン・ショックで地価が急落。「タイミングが遅れていたら、身売りさえうまくいかず、どうなっていたか分からない」と振り返る。

ナカノフーズの19年1月期の売上高は前年比約2％増の12億6600万円。設立当初から大きく伸びてはいないものの、食肉加工品の割合を増やして付加価値を高めるなど、高収益体質への転換に努めているという。これも需要の増減という「リスク」をにらんだ経営改善策の一環だ。

中野氏は言う。「最近、いろいろやりたいことが出てきて心がうずくんだ。経営者はノウハウをしっかり持っていれば、何度でも復活できるんだよ」

第五章

地域金融の明日

PROLOGUE

プロローグ

日本の金融システムを大きく揺さぶった拓銀破綻。道内金融界はその後の金融不安を、経営の重荷になっていた不良債権処理を加速することでなんとか乗り越えた。しかし、近年は低金利の長期化による収益力低下が新たな課題として浮上。人口減少や少子高齢化の影響で道内経済が力強さを欠く中、金融機関は再び変革を迫られている。

融資絞った道内金融

拓銀破綻後、道内金融機関が持つ貸出金の残高は急減した。北海道財務局によると、銀行、信用金庫、信用組合の道内店舗の貸出金総額は、破綻直後の1998年3月末時点は15兆1112億円。それが翌99年3月末には1割強減の13兆2922億円、2003年には12兆円割れ寸前にまで落ち込んだ。

拓銀が持っていた回収困難な債権が整理回収銀行（現整理回収機構）に移譲されたこと

や、自己資本比率が基準を下回った場合に改善を求められる早期是正措置が1998年4月に導入され、金融機関が不良債権処理推進と新規融資抑制に動いたことなどが影響した。

拓銀破綻時の頭取、河谷禎昌氏が「ソフィア・グループ」への追加融資をめぐり、99年に特別背任容疑で逮捕されたことも大きい。河谷氏は、最終的な回収額を増やすための融資と訴えたが、検察は回収困難なのに自己保身のために融資したとみなし、河谷氏は2009年11月に実刑が確定、服役した。大手行幹部は「万が一の際に罪に問われるのは金融機関の経営陣。この件で融資の審査を厳しくすることになった」と話す。

金融機関が不良債権を積極的に処理しても、景気低迷で新たな不良債権が発生。02年3月末の不良債権比率は北洋銀行6・3%、北海道銀行は10・0%となった。北洋銀行幹部が不良債権問題終息を宣言したのは、05年3月期の決算発表会見だった。

金融庁、地域活性化重視へ

道内金融機関は、その後、2008年9月のリーマン・ショック、11年3月の東日本大震災を克服。国が中小企業向け融資拡大を働き掛けたこともあり、貸出金は09年以降増加傾向となる。

ただ、日銀札幌支店によると、道内金融機関の3月の平均貸出金利は09年以降低下の一途。資金需要が乏しい中で金融機関同士の融資競争は激しさを増した上、日銀は13年4月に異次元緩和、16年2月にはマイナス金利を導入した。貸出金利から預金金利を引いた利ざやは縮小し続けている。

金融機関は、人員削減、店舗統廃合、人工知能（ＡＩ）やフィンテックといった新技術活用などで収益力強化を図る。道内の中小企業経営者からは「マイナス金利が続き金融機関の収益がさらに悪化すれば、地元企業に十分な資金を供給することが難しくなるのでは」と懸念の声も漏れる。

一方、金融機関を監督する金融庁は、15年7月に就任した森信親長官（18年7月退任）が、金融機関の健全性重視から、地域経済活性化に果たす役割重視への転換を打ち出した。銀行の企業支援の取り組みを評価する55項目の指標（ベンチマーク）を導入したり、担保などではなく企業の事業内容の将来性を判断して融資する「事業性評価」を推進したりするよう、変革を迫る。

札幌市内で18年3月に開かれた森氏の講演会。集まった経済関係者や地銀幹部たちを前に、森氏は「金融がうまく機能すれば、企業、地域経済、国民生活は良くなる」と力を込めた。資金の余裕分を必要な人や企業に融通する金融機関本来の役割を果たせというメッセージだ。

道内経済の強さを示す指標の一つである道内総生産（名目）は、1997年度に20兆円を超えていた。拓銀破綻後、貸出金残高と足並みをそろえるように減少傾向が続き、2007年度に19兆円割れ。14年度は18兆4千億円にとどまる。

道内総生産の落ち込みは、公共事業の減少や人口減なども要因と考えられるが、小樽商科大学の斎藤一朗教授は「金融機関が地元企業に必要な資金を供給し、育てるという本来の役割を十分に果たしてこなかったことも影響している」と分析している。

道内金融機関の貸出金総額と貸出金利の推移

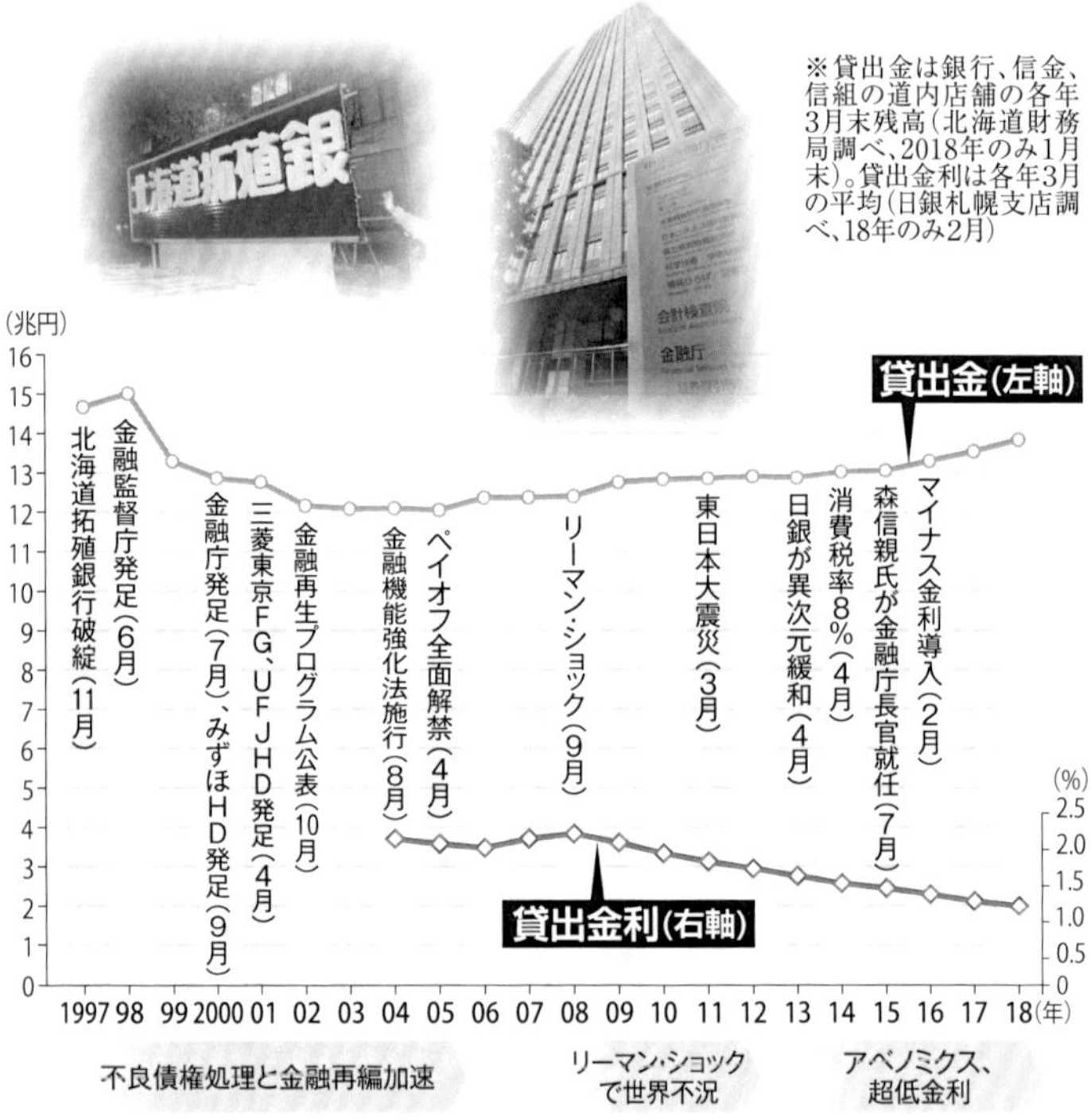

※貸出金は銀行、信金、信組の道内店舗の各年3月末残高（北海道財務局調べ、2018年のみ1月末）。貸出金利は各年3月の平均（日銀札幌支店調べ、18年のみ2月）

日銀のマイナス金利政策などで経営環境が悪化する中、奮闘する地域金融機関の取り組みに迫る。（肩書は2018年5月時点）

融資、問われる「目利き力」

「担当者は通い詰めて、当社の技術を理解してくれた」。札幌の土木資材会社、東宏《とうこう》の小林雅彦社長は、1年半前に北洋銀行から無担保で受けた1億円の融資をこう振り返る。

北洋銀行は2016年、特許などの知的財産を評価して行う新たな融資制度の適用第1号候補として、同社に白羽の矢を立てた。コンクリートで固めた直後のトンネル内壁をアーチ状の風船で覆い、耐久性に優れた仕上がりにするなど多くの特許技術を持つ。

本部の審査では「技術の価値を金額にするといくらなのか」「財務状況をもっと精査すべきだ」と慎重な判断を求める声が相次いだ。新たな評価手法で、しかも無担保で融資することへの戸惑いがあったことは想像に難くない。

決め手は支店の担当行員の「東宏の技術を使う工事は入札の評点が上がり、トンネル工事の約50％で採用されている」という情報。一般的な融資の2倍となる約2カ月の審査を経て、融資は認められた。担当した融資第1部の細川雄太主任調査役は「銀行員は足で稼ぐという原点を再認識した」と話す。

■将来性評価

道内金融機関は、バブル崩壊や拓銀破綻を経て不良債権処理を優先。融資についても担保や保証を前提に財務内容で判断し、「安全運転」に徹してきた。これに対し、東宏への融資は、経営者の能力や企業の技術力など数字に表しにくい要素を分析し、企業の将来性を重く見る「事業性評価」と呼ばれる。

金融庁が2014年に重視する姿勢を掲げ、15年の森信親長官就任以降、その流れはさらに強まり、16年度の金融行政方針では「日

トンネル内壁をアーチ状の風船で覆い、耐久性を上げるのが東宏の特許技術。優れた技術が評価され、北洋銀行からの無担保融資が決まった(東宏提供)

本型金融排除」との造語を掲げて、従来型融資からの脱却を金融機関に促した。新たな方式での融資を通じて企業の業績が伸びれば地域経済の活性化につながり、結果的には銀行経営にもプラスになる――。金融庁はそんな青写真を描く。

しかし、金融庁が17年10月に全国の企業約3万社に行った調査では、約4割がメインバンクについて「担保・保証がないと貸してくれない」と回答した。事業性評価は、担保や保証に軸足を置いた融資に比べ、労力も時間もかかるのが実情だ。金融機関の現場からは「一朝一夕で身につくものではない」(札幌の銀行支店長)との嘆きも漏れる。

■研修で磨く

「まだ突っ込みが足りない。お客さまをよく知り、

北海道銀行が2018年3月から始めた事業性評価の研修で、事例を発表する若手行員

何ができるか真剣に考える流れをつくっていきたい」。2018年4月中旬、北海道銀行本店の一室。笹原晶博頭取が集まった15人の若手・中堅行員に声を掛けた。

道銀は同年3月から、実際に各支店で行った事業性評価を基に、現場の担当者が役員らを交えて課題などを議論する研修を行っている。茂木哲義・事業性評価室長は「恋人に接するように、相手が何を考えているかを考え、最善の案を提供できる銀行員になって」と呼び掛ける。「目利き力」を養う取り組みは、北洋銀行や道内の一部信金・信組でもすでに始まっている。

元大手地銀幹部は、「行員の目利き力を養い、地域の企業を支援する融資姿勢は、金融庁の要請の有無にかかわらず必要だ」と力を込める。マイナス金利の長期化で経営環境が厳しさを増す中、各金融機関の力量が、これまで以上に問われる。

融資増へ創業支援手厚く

恵庭市内のパン店で働いていた会津貴史さん、めぐみさん夫妻は独立に向けて移住地を探していた2015年、上川管内当麻町の風景を気に入り、開業を決意。16年6月、開業資金約1千万円の相談に旭川信用金庫本店を訪れた。

本店長代理だった庵原《いはら》克俊さんは、速やかに融資を決定した上、土地の売り主との交渉に立ち会ったり、地元の建築業者を紹介したりと、手厚くサポートした。17年7月、念願のパン店「ブーランジェリー廻《まわ》りみち」がオープン。常連客も増え、売り上げは当初計画の2倍を超す。めぐみさんは「土地探しで苦しい時期もあったが、庵原さんは親身になって夢を後押ししてくれた」。庵原さんは「事業計画がしっかりしていたからこそ、支援が生きた」と笑う。

旭川信金は15年、旭川市や旭川商工会議所などと「開業応援団」を結成し、創業希望者

旭川信金の融資を受け開業した当麻町のパン店「廻りみち」。資金需要低迷の中、信金、信組は創業支援に力を入れる

の相談を一元的に受け付ける体制を整えた。18年4月には起業家育成塾を開設。2、3カ月ごとに経営セミナーや塾生同士の交流会実施など、開業後のサポートを強化する。

■預貸率低下

中小零細企業を資金面で支え、地元経済をけん引する役割を担う信金と信組。だが、道内信金、信組の預金総額に占める貸出総額の割合を示す預貸率は、拓銀破綻前の1997年3月は66・5%、2017年3月は44・7%にまで下がった。7割を超える北洋銀行、北海道銀行と比べ、集まった資金をうまく生かし切れていない。

原因の一つは、人口や企業、事業所の減少による資金需要の低迷だ。国の経済版国勢調査「経済センサス」によると、石狩管内を除く16年の道内事業所数は約14万で、拓銀破綻前の96年比27%減。同じ期間の石狩管内は11%減だった。今後も地域経済は縮小していく可能性が高い。

こうした中、札幌圏以外の一部の信金は、札幌での営業活動に活路を見いだそうとした。道内20信金で札幌に支店を置くのは14信金。うち5信金は拓銀破綻後に進出した。金融関係者によると、ある信金は本店所在地が札幌ではないのに、札幌市内への融資が全体の7

割余りを占めるという。

■悪循環打破

地域金融に詳しい北海道大学公共政策大学院の宮脇淳教授は「資金が札幌に集まり、経済活動が活発になることで、人口の札幌一極集中も加速した」と、信金の「脱地元」戦略が生んだ負の側面を指摘する。

地域経済が疲弊しているために信金・信組が十分な資金を供給できず、ますます地域経済が疲弊する。創業支援への取り組みは、悪循環を打破しようとする試みの一つだ。

釧路信用組合は2016年から、「地域クラウド交流会」を、有志でつくる実行委員会と共同で開催している。まず数人の起業家が事業計画やアイデアを説明。千円を支払った一般参加者は応援したいと

釧路信組などが開いた「地域クラウド交流会」で起業家に投票する参加者たち（2017年11月）

思う起業家に投票する。運営費を差し引いた資金を、得票数に応じて振り分ける仕組みだ。

地域を盛り上げる起業家と応援したい市民を結ぶ催しで、釧路信組営業推進部経営相談支援室の荒関永輔室長は「釧路を活性化するには元気な会社を増やさなければならない。交流会で、起業しよう、起業家を支えようという意識は高まってきている」と手応えを語る。

店舗維持が経営の「重荷」に

空知商工信用組合（美唄）が2018年3月下旬に開いた臨時総代会が、道内のほかの金融機関から注目を集めた。全15支店中、半分近い7支店の廃止を決めたのだ。三笠、芦別など6支店は18年11月、留萌支店は19年度内に廃止する。いずれも利用客が少なく収益につながりにくい店舗という。

■攻めの経営

空知商工信組の預金量は約870億円で道内7信組中4位。営業基盤の空知管内の旧産炭地は人口流出が止まらず、勢いのある企業も少ない上、銀行や信用金庫との競争激化に日銀のマイナス金利政策も加わり経営環境は悪化。経営基盤を安定させなければ地域経済を支えられないとの危機感は強く、17年12月には資本増強のため30億円の公的資金も受けた。

今回の支店再編による経費削減効果は年数億円。廃止店舗の営業エリアについては、隣接する支店を増員し、新たに担当職員を置くことで可能な限りサービスを維持する考えだ。谷山哲也理事長は「支店にかかる経費を減らせる分、地元への資金供給を増やしたい」とし、事業縮小ではなく、むしろ攻めの経営だと強調する。

地域金融機関にとって、顧客の近くに店舗があることは、ほかの金融機関と差をつける大きなアピールポイントだった。北海道財務局によると、07年3月末に千店を超えていた銀行、信金、信組の道内店舗数は、10年後の17年3月末時点で912店。統廃合は、主に合併など再編に伴うもので、近接している支店同士統合するなど、利用者の利便性を損なわないよう配慮してきた。

しかし、コンビニエンスストアに現金自動預払機（ATM）が置かれるようになり、インターネットバンクの普及でパソコンやスマートフォンでの手続きも定着。店舗利用者は減少の一途という。みずほフィナンシャルグループが、全体の2割に当たる100店舗の削減方針を打ち出すなど、大手行では合理化対象となっている。

道内では、いまのところ空知商工信組以外に具体的な動きは見られない。道内地銀幹部は「店舗の廃止を進め、コストを削減したいが、地元との関係があるので簡単にはできない」と打ち明ける。JR北海道が維持困難路線の見直しを進めている状況に、「ひとごとではない」と考える金融関係者は少なくない。

■存続模索も

一方、逆風にさらされながらも、コストを下げて店舗を存続しようと模索する動きもある。

北空知信用金庫(深川)は17年10月、深川市内な

廃止が決まった空知商工信組三笠支店。人口の少ない地域の店舗は金融機関の重荷になりつつある

どの3支店に「昼休み」を設けた。午前9時から午後3時までの営業時間のうち、午前11時半から1時間、窓口を閉じている。職員が交代で昼休みを取る必要がなくなり、少人数でも店舗を運営しやすくなるメリットがある。同信金は「対面サービスはできるだけ維持したい。利用者の理解は得られていると思う」と説明する。

北海道財務局によると、19年3月末現在、道銀と11信金、2信組が「昼休み」を導入。今後も導入店舗は増える見通しという。

北海道銀行は、18年7月から長沼、月形、赤平の空知管内3支店でカウンター窓口に常時、人を置くのをやめた。行員らは後方の仕切りの裏におり、客が来るとすぐに出て対応する。これにより、店舗を運営するのに6～7人必要だった人員を3～4人に減らすことが可能になった。いずれの店舗も1日の来店者は300～400人だが、現金自動預払機（ATM）利用者が大半で、窓口に来るのは70～80人。同行は「地方で人員確保が難しくなる中、サービスを引き続き維持していくため、効率的な運営が不可欠」という。

道内に本店がある金融機関の道内店舗数

	2007年3月末	17年3月末
地方銀行	359(3)	309(2)
信用金庫	535(25)	504(22)
信用組合	127(8)	99(7)
合計	1021(36)	912(31)

※北海道財務局調べ。かっこ内は金融機関数

道外では、三菱UFJ銀行が一部店舗について、行員数を削り、基本的に窓口のテレビ

電話で相談に応じる「軽量店舗」に転換することを検討。りそな銀行は窓口で現金を扱わない店舗を増やしている。顧客ニーズの多様化、取引形態の変化にどう対応するか。各金融機関は次世代の店舗のあり方を探り、試行錯誤を重ねている。

経営支援として商談立ち会いも

札幌市西区、発寒鉄工団地の工場をのぞくと、加工済みの鉄板が積み上げられたいくつかの山が目に入った。床には「A」から「H」までのアルファベットの文字がある。「かつては大まかに分けていた。2年前の『カイゼン』で、大きさと材質で置き場所を細かく決め、必要な鉄板がどこにあるか、すぐに把握できるようになった」。金属加工を手掛ける阿部鋼材の阿部大祐社長は胸を張る。

「カイゼン」は、北海道銀行の取引先向けサービス。2012年に顧問に迎えたトヨタ自動車OBの斎藤均さんが企業に出向き、ムダを徹底的に排除するトヨタ生産方式のノウハウを指導する。阿部鋼材は、作業工程から社員の作業姿勢まで見直した結果、機械の稼働率が25％向上した。道銀によると工場からスーパーまで78社が導入済みで、営業推進部の盛英二次長は「やり方次第で生産性は上がる。取引先の利益が増えれば、銀行が活躍する場面も増える」と意義を語る。

■取引先紹介

北洋銀行は16年10月から約3千社の取引先について財務データと営業エリアの経済指標、仕入れ先や販路などを分析。同業他社と比較して経営に関する提案を行っている。

富良野市のスキー場に近い「ホテルナトゥールヴァルト富良野」。運営会社には17年12月、分析結果をもとに、近隣の宿泊施設との差別化を図るため産地直送の食材を増やすことなどを提案した。宗谷管内枝幸町の水産業者を紹介し、商談にも北洋銀行の担当者が立ち会った。元調理師で、これまでも料

置き場所が「カイゼン」された鉄板の山の前で、北海道銀行の盛英二次長(左)に近況を報告する阿部鋼材の阿部大祐社長

理を「売り」にしてきた小林英樹社長は「食材の仕入れの打ち合わせに銀行の担当者が来るなんて以前は考えられなかった」と驚く。

18年4月下旬、ホテルを訪れると、水産業者から前日夕方に水揚げされたホタテやソイ、サクラマスなど12種類がサンプルとして届いたところだった。「いいものばかりで期待以上。山の中のホテルだが道外の宿泊客は新鮮な海産物を求めている。毎日、送ってもらうよう契約したい」。声を弾ませる小林社長に、北洋銀行の佐藤仁寿《きみかず》富良野支店長も「私たちが持つ企業とのネットワークを生かし、これからも取引先を紹介したい」と笑顔を見せる。

■金利以外で

道内金融機関が経営支援に本腰を入れたのは

水産業者から届いた海産物を前に、北洋銀行富良野支店の佐藤仁寿支店長（左）と打ち合わせる「ナトゥールヴァルト」の小林英樹社長

２０１０年代に入ってからだ。

拓銀破綻後、金融不安が拡大し、不良債権処理が金融機関の最重点課題になる中、金融庁は03年、地域経済への影響に配慮し、地域金融機関には中小企業支援を強化するよう求めた。

地銀幹部は「当時は早急な経営改善も迫られ、取引先と関係を深めてリスクがある融資をするより、十分な担保や保証がある案件を優先していた」と説明。「近年は低金利競争で融資による収益は落ちる一方。金利以外で選んでもらえる施策が必要になり、経営支援に積極的に取り組むようになった」と打ち明ける。

金融機関が自ら行える支援には限界もある。拓銀は破綻前の１９９７年5月時点で海外に20の拠点があり、進出企業をサポートした。一方、北洋銀行の拠点は上海など3カ所のみ。そこで同行は２０１７年、人材紹介会社サイエスト（東京）と提携し、海外進出を検討する企業に海外経験豊富な大手企業ＯＢを顧問として派遣することにした。身の丈にあった形でどのように取引先を後押しするか、模索は続く。

ＩＴ活用進化はもろ刃の剣

恵庭市で「イタリア酒場　宙《そら》」を経営する溝口友和さんは2018年3月、インターネットを使った会計・資産管理サービスなどを手がけるマネーフォワード（東京）の会計ソフトを導入した。店のレジや銀行口座の入出金データが自動で記録され、日々の経営状況が一目で把握できる。データは、同社と協定を結んでいる恵庭商工会議所でも確認でき、経営指導に活用される。

導入前は、店の営業終了後、深夜までかかってパソコンにデータを入力していた。「いまの作業時間は4分の1で、信じられないほど便利。フィンテックはすごい」と溝口さん。ソフト導入を勧めた会議所の寺前雅治さんも「経理作業の負担が軽減され、生産性向上につながっている」と手応えを語る。

ＩＴを活用した新たな金融サービス「フィンテック」が普及し、金融の形を変えつつある。マネーフォワードを含め、多くのベンチャー企業が人工知能（ＡＩ）やブロックチェーンなどの新技術を使ったサービス開発を進める。

地域金融機関も取り組みを強化する。北洋銀行はマネーフォワードと連携し、18年4月下旬から、この会計ソフトを利用する個人事業者の会計データを共有し、経営課題の解決策を示したり、必要なタイミングを先回りして融資の提案をしたりすることが可能になった。

■複数行連携

北洋銀行は、フィンテック関連事業の多くを、千葉銀行など地銀8行とつくる「TSUBASAアライアンス」で、共同で行っている。17年7月には、行員と顧客の面談記録をAIが分析し、サービスの向上につなげる実証実験を始めた。

北海道銀行はNTTデータが運営する「共同MCIFセンター」に加わり、地銀9行とともに約2千万件超の取引データを分析し、マーケティングに活用。地銀5行でつくる基幹システム「MEJA

タブレット端末で会計データを確認する「イタリア酒場　宙」の溝口友和さん（右）と恵庭商工会議所の寺前雅治さん

R（メジャー）」の枠組みでは、ベンチャー企業が開発した「家計簿アプリ」に対応できるシステムを共同でつくった。

フィンテックを使ったサービスの開発に重要なのは資金力と優秀な人材の確保とされる。規模ではかなわない大手行への対抗手段として考えられたのが、複数行による枠組みづくり。道銀営業企画部の田中巌之《みねゆき》次長は「1行あたりの費用が抑えられ、新たな技術に関する情報の交換や共有もできる」と語る。

■「仕事」奪う

ただ、金融機関にとって、フィンテック普及は「もろ刃の剣」でもある。

楽天は15年、インターネット上の仮想商店街「楽天市場」に出店する企業に、最短で翌日融資するサービスを始めた。銀行より入金までの期間が短く、業績や財務データに加え、楽天市場での販売実績も審査の判断材料になる。インターネットで小口資金を集める「クラウドファンディング」も定着。フィンテックは業務効率化を進める半面、拓銀があった時代から金融機関が担ってきた「仕事」を奪っていく。

「フィンテック普及により20年後の金融機関の存在感は、間違いなくいまより薄くなる」。

道内の金融事情に詳しい北海道大学の浜田康行名誉教授は、フィンテック導入の流れは変えられないとしつつ、こう強調する。「地域金融機関は、世界と競争する大手行とは違う。現金志向が強い顧客も多く、どこまでフィンテック導入が必要か、経営者は冷静に考えなければならない」

第六章

教訓を生かせ

——元拓銀行員座談会

道内経済に未曽有の混乱をもたらした拓銀破綻は、金融機関の「不倒神話」を疑わなかった行員たちに容赦なく人生設計の見直しを迫った。引き続き金融マンとして再出発を果たした人、全く畑違いの業種を選んだ人――。それぞれが新たな道を歩み始めて20年。拓銀のDNAは今もビジネス界の各所で脈々と生きている。（肩書は、2018年6月当時）

多様な業界で活躍

破綻時の拓銀の行員数は約5300人。このうち道内の営業基盤を引き継いだ北洋銀行に約1900人、道外店舗を引き受けた中央信託銀行（現三井住友信託銀行）に約1200人、整理回収銀行（現整理回収機構）には約400人が再就職した。残りの大半は一般企業に転職したとみられ、20、30代の若手には1部上場企業からの引き合いも多かった。

道内経済関係者は「拓銀の人的資源が分散し、道内企業を含めさまざまな業界で活躍していることは、破綻による唯一のプラスの側面だ」と指摘する。拓銀は道内の就職人気企業ランキングで上位の常連で、優秀な人材も多かった。銀行再編やリストラ加速に伴い、金融関係者の転職は増えていく。拓銀破綻は、その後急速に広がる人材流動化の呼び水にもなった。

根本から変える

ＮＴＴデータのコンサルティング子会社、ＮＴＴデータ経営研究所（東京）の研究理事、山上聡さんは、金融機関のＩＴ化の普及・支援に向けて、国内外を飛び回っている。政府の金融審議会専門委員などを務め、全国の銀行などの講演にも奔走する姿は、さながら「金融改革の伝道師」だ。

１９８３年に拓銀入行。初任地の東京・西新宿支店で多くの外国為替取引を手掛けた実績を買われ、ニューヨーク支店勤務など国際畑を歩み、為替などを担当する国際部で破綻を迎えた。

山上 聡氏

やまがみ・あきら　1958年、札幌市出身。立教大学卒業後、83年拓銀入行。西新宿支店（東京）、国際部、ニューヨーク支店課長などを歴任。拓銀破綻後、外資系コンサルティング会社を経て、2005年にNTTデータ経営研究所に入社。14年から現職。

金融システム変革に奔走

先進的な海外の金融現場で得た経験が、新天地に向かうきっかけとなった。「90年代の金融危機を通じ、日本の金融システムを根本から変えなければいけないと思った」という。超低金利下で経営環境が厳しさを増す金融業界。山上さんはそんな今こそ、拓銀の経験が生きるという。

学んだこと意識

札幌市厚別区で6店舗を展開する中堅スーパー「ホクノー」社長の野地秀一さんは1992年入行。東京・馬喰町支店で2年勤務後に国際部に配属され、破綻時は山上さんと机を並べていた。「国が銀行をつぶすわけがない。拓銀がつぶれる時は北海道がつぶれる時だと信じ切っていた」と苦笑する。破綻の翌年、父が経営するスーパーに再就職。2009年に社長に就任した。

野地 秀一氏

のじ・しゅういち　1968年、札幌市出身。東京理科大学卒業。92年拓銀に入行。馬喰町支店（東京）、国際部で勤務した。拓銀破綻後の98年3月、父が経営するホクノーに入社。企画室長、副社長などを経て、2009年9月から現職。

対応力をスーパー経営に

営業エリアでは人口減少と高齢化が進み、ホクノーの17年7月期の売上高は36億円と、ピークの2000年と比べ4割減。逆境に打ち勝つべく、早朝から営業する高齢者向け食堂や、高齢者の健康管理を担う「健康ステーション」開設など、地域に寄り添い、新たな取り組みに挑む。

「拓銀はほかの都市銀行に規模で劣っていたが、その分、高いレベルでさまざまな業務をこなすゼネラリストが多かった。諸先輩から学んだビジネスへの適応力や臨機応変な対応をいまも意識している」という。

先輩に支えられ

道内で、ぎょうざとカレーの店「みよしの」などを計33店運営するテンフードサービス（札幌）。社長の西田治さんは、バブル真っただ中の1989年に入行、埼玉県・狭山など三つの支店勤務を経験した。

破綻前の96年10月、妻の父親が経営していた同社に転職。「当時、マスコミは拓銀は危ないと言っていたが行内にはそんな雰囲気はなく、私もつぶれるとは思っていなかった」

という。破綻前に退職したことに後ろめたさを感じることもあった。

ただ、2005年の社長就任後、各業界に分散した先輩たちからビジネスの情報を得たり、それが商売上の取引につながったりすることも少なくない。「いまも拓銀人脈に支えられていると感じる」。厳しさを増す外食業界で「攻めの姿勢」を心がけ、現在、東京進出に向けて準備を進めている。

西田 治氏

にしだ・おさむ　1965年、根室市出身。北海学園大学卒業。89年に拓銀入行。狭山（埼玉県）、元町（札幌）、浦河（日高管内浦河町）の支店勤務を経て、96年10月にテンフードサービスに入社。取締役などを経て2005年6月から現職。

人脈駆使し「攻めの商売」

元拓銀行員たちは、破綻をどのように受け止めたのか。2018年6月、NTTデータ経営研究所研究理事の山上聡氏、ぎょうざとカレーの「みよしの」を運営するテンフードサービス（札幌）社長の西田治氏、札幌市厚別区の中堅スーパー、ホクノー社長の野地秀一氏の元行員3人による座談会を札幌で開き、当時を振り返ってもらった。

（司会は元拓銀行員で北海道新聞経済部記者の宇野一征。肩書は2018年6月時点）

米支店で外国人退職相次ぐ　NTTデータ経営研究所研究理事　**山上聡氏**

つぶれないと思っていた　テンフードサービス社長　**西田治氏**

カブト融資は審査機能まひ　ホクノー社長　**野地秀一氏**

——拓銀の将来に行員として危機を感じたのはいつごろですか。

山上氏　米ニューヨーク支店でドル資金調達を担当していた1994年ごろから感じていました。翌95年、大和銀行（現りそな銀行）ニューヨーク支店で巨額損失を隠していた「大和銀事件」が発覚しました。邦銀、特に体力の弱い銀行は、資金調達に高い金利を設定されました。本部は資金調達が最優先で、金利は多少無理してもいいとの姿勢だった。けれど、取引が成立しないことも多い。それを見て外国人スタッフがどんどん辞めていきました。

野地氏　そのころ私は東京で資金調達を担当していました。破綻の少し前、外国ではなく国内の銀行から資金調達を断られ、「まずいな」と思いました。

西田氏　92年に本州から札幌の支店に異動後、カブトデコムの経営不振が明らかになったことが影響したのか、お客さんから「拓銀は大丈夫なの」と聞かれるようになりました。預金が流出し始めましたが、まさか破綻するとは思っていませんでした。

――破綻の発表は1997年11月17日。日本がサッカーワールドカップ初出場を決めた翌日でした。

山上氏　テレビでサッカーのニュースを見ていたら「拓銀経営破綻」とテロップが流れたんですよ

野地氏　私も当日朝、出社前に寮の風呂に入ろうとした時、同僚から聞かされました。慌てて部屋に戻り、テレビをつけました。

西田氏　いまの職場に転職するため、前の年の春に退職していたので、破綻を知ったのは夜帰宅してからでした。破綻後、しばらくは「辞めたのは破綻前か破綻後か」という壁を感じて「最後まで勤めていれば良かった」と思ったこともあります。

――破綻は、カブトデコム、ソフィア・グループなどへのずさん融資のためと言われています。

山上氏　拓銀は、都市銀行としては全国最下位で、融資を拡大しなければいけませんでした。一方で、北海

道では王様のような存在でした。融資を止めて企業を倒産させると、利権を含め全部の事情が表に出てしまう。王様だからこそ、そういう融資を葬れないという問題が、不良債権処理を遅らせ傷を深くしたのではと思います。

野地氏　その通りです。行員時代にカブトデコムが建設した洞爺湖畔の高級ホテル「エイペックスリゾート洞爺」（現ザ・ウィンザーホテル洞爺）に行ったんです。敷地の入り口からホテルまですごい距離がある一方で、ホテルの中は閑散としている。「この案件はおかしい」と。審査機能がまひしていると感じました。（破綻前まで進んでいた）北海道銀行との合併交渉で、プライドを捨てて全面降伏し、拓銀の役員が総退陣していればな、と思うこともあります。

西田氏　やはり、つぶれないと思っていたのが、つぶれた原因でしょう。経営陣をはじめ、誰もがつぶれないと思っていた。96年春、退職することを当時の支店長に伝えると「マスコミではいろいろ言われているが、拓銀は大丈夫だ」と言われたのを思い出します。

山上氏　（破綻前年の96年11月に当時の橋本龍太郎首相が打ち出した）金融ビッグバンは、病人を外に出して風邪をひかせる政策でした。護送船団方式からの突然の転換で、一番船脚が遅い拓銀がつぶれました。破綻させたのに、いまの金融の制度や銀行は、どこも良くなっていない。じくじたる思いです。

主取引行の企業に大打撃　西田氏
足りなかった選択と集中　野地氏
リスク取る姿は学ぶべき　山上氏

——破綻後、道内経済の落ち込みは感じましたか。

西田氏　北海道は景気が良くなるのは一番最後で、景気が悪くなるのは一番最初ですよね。

山上氏　（離陸時は最後に上がり、着陸時は最初に着地する）飛行機の後輪ってやつだね。

西田氏　そうです。破綻は全国的に景気が悪かった時期で、メインバンクが拓銀だった企業には大打撃でしたね。うちは拓銀がメインではなく、破綻の影響は大きくはなかった。本州の大手外食チェーンの道内進出が続き、そちらの戦いの方が大変でした。

野地氏　道内経済にとっては、バブル崩壊とのダブルパンチ。スーパー業界は、2000年の大規模小売店舗法廃止から、イオンなど本州の大手の出店が相次ぎ、厳しい状況が続いています。アベノミクスは、株をやっている人はもうかっていますが、人件費は上がるし、恩恵を感じることはありません。消費税率が上がれば、景気はまた落ち込むのでは。

――本州に比べて景気回復が遅いのは拓銀破綻の影響があるのでしょうか。

野地氏　確かに半周遅れで経済が進んでいる感じはしています。もともと道内の景気はあまり良くない。北海道経済は本質的には「依存型」です。道内総生産は国民総生産の4％程度しかないのに、全国の10％ぐらいの公共事業を持ってくる。公共事業に依存せず、自分でリスクを取った企業は伸びましたよね。ニトリ（ホールディングス、HD）もアイン（HD）も、つぶれそうになりながらぐっと伸びた。

山上氏　リスクを取らなければリターンはない。金融機関として、そのバランスを欠いたのが拓銀です。

野地氏　拓銀は地方銀行のような都市銀行であるべきでした。北海道の強みは食と観光であり、これらのニーズを取り込み独特な融資を行えば良かった。選択と集中が足りませんでした。

山上氏　拓銀を評価する場合、良かったことは良かったこと、悪かったことは悪かったこととして、両面を見なければなりません。

――良かったこととは。

山上氏　例えば、東南アジアでのファイナンス（融資や資金調達）。世界的な海運会社となった台湾のエバーグリーングループの成長を後押ししたのは拓銀で、（1989年の）エバー航空設立にも関わっています。（短期間のうちに急成長する）スタートアップ企業に投資して成功すると、すごいことになる。銀行の機能を考えるいい例です。拓銀はやり過ぎて失敗しましたが、今の金融機関は慎重になりすぎている気がします。

――リスクを取らなくなったと。

西田氏　銀行員と接していると、こういう投げかけをしたらこう反応するだろうなと予測できることが多いですよ。

山上氏　いい意味で、期待を裏切られるような提案が少ないということでしょう。うちの会社には最近、金融機関からの転職希望者が増えていますが、上から言われた通りに商品を売らされて自分で考えさせてくれないから嫌になったと言っていますね。

西田氏　昔の拓銀では、おまえはどう思うんだ、自分の頭で考えろと上司から言われました。自分の考えを持って仕事をしなければと思ったものです。

金融機関いまも担保主義　野地氏
挑戦よりコスト削減優先　山上氏
深く企業理解する努力を　西田氏

――拓銀破綻から20年あまり。地域金融機関の融資姿勢は変わりましたか。

西田氏　変わっていませんね。

野地氏　基本的にはいまも担保主義。提案力が足りないと思うこともあります。顧客と対話しニーズをくみとって融資につなげるのが金融の仕事のはずなのに。

山上氏　顧客のニーズがあるからサービスをつくって持って行く、ということが少ないですよ。

西田氏　金融機関側の都合を優先した商品提案が多いのでは。ある金融機関の職員が突然やってきて「3分いいですか。私募債（注）（発行による資金調達）をお願いします」と言われたことがあります。

野地氏　金融機関は私募債ブーム。通常の融資だと金利でじわじわとしかもうからないけど、私募債なら手数料がどかっと入る。

西田氏　中には熱意を感じる融資話もあります。でも、あまりストライクゾーンには来ないかな。

――金融庁は、金融機関に担保、保証に頼りすぎず事業の内容や成長する可能性などを評価して融資する「事業性評価」を推進するよう求めています。

西田氏　事業性評価は、金融機関から一方的に「こう

です」と決めつけられるようなところがあり、少し怖さも感じます。

野地氏　事業性評価で選別されることで、借り手側も「もっといい会社にならないと」という意識が高まった。その意味では良かったのかもしれません。ただ、地域とのつながりとか、いろいろある中で「とにかく利益を上げることだけが良い」という見方をされると、ちょっと違うんじゃないのかと反論したくなります。

――山上さんは、20年間の金融機関の変化をどう見ていますか。

山上氏　いまの私は銀行員にコンサルティングサービスを売る立場。メガバンクや地方銀行が顧客です。新しいことに挑戦しようとせずコスト引き下げばかり優先する顧客が地銀に目立ちます。都市銀行は拓銀破綻後の20年で4行に再編されました。一方、地銀は、１０４行とほぼ変わっていない。システムの共同化と人員削減で生き残ってきたのですね。拓銀が破綻したころに「私たちは何をしなければならなかったのだろう」と、ほかの地銀

も考えてくれれば良かった。

――最後に道内の地域金融機関に望むことは。

野地氏　少子高齢化がじわじわ効いてきています。うちの地元の札幌・もみじ台地区は、人口減が激しい。金融機関も人材不足やコスト削減で余裕がないのでしょうが、経営者が課題に取り組むときに、親身で相談できる相手であってほしい。

西田氏　金融機関も私たちも、ともに北海道で商売を続けていきます。だからこそ企業の商売の中身や経営状況などに、これまで以上に理解を深める努力をしてもらいたいです。

山上氏　中小企業は単独でリスクを取るのが難しいので、複数の企業で一緒に何かに取り組むような提案を金融機関がするべきです。金融の本来の役割は産業振興なのですから。

注　私募債
　証券会社を通じて広く公募される「公募債」と異なり、あらかじめ引受先を決めて発行する社債のこと。銀行など金融機関が引受先となるケースもある。

最終章

「トップバンク」北洋銀行１００年

最終章では、2017年8月に拓銀もなしえなかった創立100周年を迎えた「トップバンク」北洋銀行の歴史を振り返るとともに、拓銀からの営業譲渡以降、北洋銀行の生え抜きとして初の頭取となった安田光春氏に今後の展望と課題を聞いた。

100年を迎えた北洋銀行

拓銀、道銀に次ぐ資金量3位の北洋銀行が1998年、拓銀の道内営業基盤を引き継ぎ、一気に国内有数の金融機関に上り詰めた。拓銀破綻後、道内経済をけん引している活躍ぶりは知られているが、もともと中小・零細企業や商店主らとの取引を堅実に進めてきた「庶民金融」だったことはあまり知られていない。

■「無尽」として創業

「浮利《ふり》を追いたくなるのは人情だが、いつか必ず損をする」。バブル経済突入前の1984年、第8代頭取（1982年～2000年）の故武井正直氏はそう説き、地価や株価の上昇を当て込んだ貸し出しを戒めた。

住友グループの家訓である「浮利を追わず」から引いた言葉だが、前身の「小樽無尽」時代に似たような経営理念が掲げられたことはあまり知られていない。

北洋銀行は1917（大正6）年に「北海道無尽」として小樽市で創業し、翌18年に「小樽無尽」に商号変更した。無尽とは、組合員が一定の掛け金を毎月出し合い、まとまったお金を融通し合う組織のこと。比較的規模が大きな企業への貸し出しを主体とした銀行に対し、中小・零細企業や商店主に親しまれた庶民向けの金融機関だった。

小樽の豪商・寿原家出身の2代目社長、寿原英太郎氏は無尽の公益性の高さを踏まえ、「一般企業のように利潤に専念しては必ず失

北海道大博覧会（1937年）の奉祝のぼりを掲げた小樽無尽本社ビル（北洋銀行提供）

敗する。利得は副産物」とし、本業に専念する経営方針を明確にした。31（昭和6）年に滝川無尽との合併の認可を国や道に求めた際も、「営業区域が狭いと好不漁や天災のたびに経営基盤が揺らぎ、かえって地域のためにならない」と地域重視と経営安定化の両立を主張したという。

51年に「北洋相互銀行」、89年に「北洋銀行」と商号変更して現在のような銀行業務を行うようになった後も、堅実経営のDNAは行員に脈々と受け継がれた。

■バブルでも慎重

日銀出身で第9代頭取（2000年～06年）の高向巖氏が1993年に入行した際の第一印象は「質素な銀行」だったという。支店の建物はどこも古く、窓口の機械も一時代前のタイプで、「無駄にお金をかけない行風を感じた」。バブル期に「異常なことは長続きしない」（第8代頭取・武井正直氏）とみて不動産や株式の投機的運用を控える方針を貫いたことは今も語り草になっている。

バブル期の最中は、慎重な融資姿勢から「北洋は力がない」と揶揄《やゆ》されたこともある。ただ、比較的健全な財務内容を維持していたことが、旧拓銀から営業基盤を引き継ぐ決め手にもなった。道内金融に詳しい浜田康行北海道大学名誉教授（金融論）は「バブルで傷つかなかったのは、他行と違い巨額の取引をしなかった側面の一方、顧客と距離が近い『無尽』という業態でスタートした歴史から、預金者のお金を守りながら経営する意識が特に強かったためだ」と分析する。

■有価証券暴落で痛手

「北洋はトップバンクだがリーダーではない」。旧拓銀から営業基盤を引き継いで以降、地域経済のけん引力や顧客への情報提供力が弱いとの評価をたびたび受けた。こうした指摘を念頭に、第10代頭取（２００６年～12年）の横内龍三氏は08年10月に札幌銀行と合併し

拓銀の鷲田頭取代行（左）と営業譲渡の契約書を交わす武井頭取（1998年5月）

た際には「真のリーディングバンクを目指す」と表明。中小企業や起業家向け投資ファンドの創設や地方創生に関する自治体との連携協定締結などに力を入れた。

危機が表面化したのは合併直後のことだ。リーマン・ショックに端を発した世界的な金融不安で、保有していた有価証券が暴落。積極的な投資姿勢が裏目に出て、08年9月中間決算は経常損益、純損益ともに初の赤字となった。道内の信金などから出資を受けるなどして資本増強を図ったが、翌09年3月には、1千億円の公的資金注入を受けた。

4代続けて日銀OBがトップを務めた同行で、第11代頭取（12～18年）に就いた石井純二氏は、初の拓銀出身トップ。拓銀破綻からちょうど20年となった17年11月の会見では「拓銀は、（融資先の経営悪化などの）信用リスクが経営を大きく揺るがした。リスクが顕在化した時は、先送りせずスピーディーに対

札銀銀行の吉野次郎頭取（左）と握手を交わす横内頭取（2008年10月）

応することを教訓として捉えている」と述べ、拓銀の失敗を教訓に銀行経営を進めていることを示した。

　就任時に「創業１００周年の17年までに公的資金を返済することが最大の使命」と宣言。財務体質の改善を進め、宣言通り、14年に公的資金完済を果たした。

■変化への対応急務

　現在の頭取は、18年4月に就任した安田光春氏。拓銀からの営業譲渡以降、初の北洋銀行生え抜きトップだ。17年の頭取交代会見では「創業１００周年を新たな創業の年と位置づけ、今後１００年を見据えた経営を行っていきたい」と抱負を述べた。

　日銀のマイナス金利政策長期化による貸出金利の低下などで、銀行経営は厳しさを増している。北洋銀行では、13年3月期に９０５億円だった本業の柱となる資金利益（貸し出しなどで得られる利益）は、19年3月期に６８１億円まで落ち込み、３期連続の減収減益となった。

　安田氏は、店舗戦略の見直しなど業務効率化とコスト削減をさらに進めるほか、従来業務以外の新たな分野への業務拡大検討を打ち出している。政府系人材サービス会社と共同出資で立ち上げたコンサルティング会社「北海道共創パートナーズ」を通じた人材供給支援もその戦略の一つ。「顧客の経営規模が大きくなれば、いろいろな収益に結びつく」と強調する。

ITを活用した新たな金融サービス「フィンテック」の進化で、現金による決済が減り、人工知能（AI）による融資の審査が一般的になるなど、銀行の事業内容や役割が大きく変わろうとしている。北洋銀行は、ほかの地方銀行などと連携しながら、新たな技術についての研究を進めている。こうした変化への対応が、今後の大きな経営課題となる。

北洋銀行トップに聞く

現在の北洋銀行のトップ安田光春頭取に、拓銀への思いや、北洋銀行の今後について聞いた。（インタビューは2019年8月）

――拓銀は、どのような銀行でしたか。

道内トップバンクとして、特に企業との結び付きが非常に強い銀行だったと思います。

支店の職員だった時、拓銀をメインバンクにしている取引先に入り込む余地は極めて少なかったですね。

――拓銀破綻をどう受け止めましたか。当時といまの経済・金融情勢の違いをどう感じていますか。

破綻は予想外で、本当に驚きました。当時といまの最も大きな違いは不良債権問題。全国の銀行合計で当時の不良債権金額は30兆円前後で、現在の6・5兆円の5倍です。拓銀以外にも多くの銀行が不良債権処理に追われ、統合や合併が相次ぎました。現在は多くの銀行で利ざや縮小による減益決算が続いており、体力が低下しています。不良債権は低水準ですが、景気が後退すれば増えるでしょう。当行を含む金融機関には、そのリスクに耐え得る体力強化に向けた一層の収益確保と経費削減が求められています。

――拓銀の営業基盤を引き継いで、北洋銀行はどう変わりましたか。

資金量4兆5千億円、貸出金3兆5千億円で道内トップの銀行となりました。その後、札幌銀行との合併を経て、2019年3月には資金量8兆6千億円、貸出金6兆5千億円となり、営業基盤は拡充されました。この間、ビジネスマッチングや各種商談会の開催、起業・創業や海外進出のサポートに加え、M&Aや経営コンサルティング会社の紹介等、資金供給のみならず、お客さまのさまざまな相談に対応できるようになりました。

――経営効率化を進めていますね。

17年3月期の経費は742億円でしたが、19年3月期は694億円、20年3月期見通しは689億円と、システムコストの削減を中心として経費は着実に減少しています。業務効率化により、従業員は営業譲受時の3800人から2800人（19年3月末時点）に減少しました。競争に打ち勝つため、さまざまな変革を進めてきましたが、今後も、まだまだ努力していかなければなりません。

――北洋銀行の強みは何だと思いますか。

道内シェア（19年3月末）は貸出金39％、預金36％で第1位。給与振込口座は40％、年金振込口座は34％です。信用調査機関の調査によると、道内企業の36％、約2万5千社が当行をメインバンクとしていただいており、営業基盤は他行を大きく上回っています。多くのお客さまに利用していただくことで、多くの情報が蓄積される。これが強みです。この情報量を活用し、これまで以上にビジネスマッチングや起業・創業支援などに取り組むとともに、経営課題解決や資産形成などのコンサルティング営業の強化、キャッシュレス化などのフィンテックの推進につなげていきます。

やすだ・みつはる　1959年、札幌市出身。慶應義塾大学商学部卒業。83年、北洋相互銀行（現北洋銀行）入行。経営管理部企画課長、宮の沢支店長、執行役員融資第一部長などを経て2014年取締役経営企画部長、16年常務取締役。18年4月から現職。

——急速に人口減少が進む道内経済には、どう向き合いますか。

地域の人口減少は、マーケット縮小を意味しており、避けて通れない重要なテーマです。私たちは起業・創業支援に従来以上に積極的に取り組んでいます。北海道命名150年を迎えた18年に、北海道の持続的な発展への貢献を目指して『北洋SDGs推進ファンド』を設立しました。起業・創業が第一義的なテーマで、大学発ベンチャー企業など現在16社（19年8月末時点）へ出資しており、今後も積極的に取り組んでいきます。道内では、人口減少に立ち向かい、地方創生に取り組んでいる地域が数多くあります。資金供給だけでなく、独自の産業分析を活用し、地域と地域を結び付けること、専門業者を紹介することなどを通じて地域活性化に貢献していきます。

——17年8月の創立100年が過ぎ、新たな100年に入っています。どんな金融機関を目指しますか。

地域やお客さまの発展に貢献していくことが北洋銀行の使命です。事業者には事業性評価を通じた課題の共有と、それを解決するための伴走型支援を強力に実践していきます。個人には、銀行が売りたいものではなく、求められているものを提供すること、即ち顧客本位のコンサルティング営業の実践が最も重要と考えています。寄せられる要望にしっかりとしたコンサルティング、アドバイスを行い喜んでいただくことが、私たちの目指すべき方向です。

取材を終えて

EPILOGUE

１９９７年11月17日の拓銀破綻時、私は新聞記者ではなく拓銀の支店行員だった。まだ20代半ば。自身や取引先がどうなるのか見通せず、言いようのない不安に駆られたことを覚えている。

私が入行したのは、経営難がすでにささやかれていた95年４月。就職に迷いはなかった。若さゆえの無知もあったが、国の護送船団行政に裏打ちされた銀行の不倒神話が健在だったことが、選択の決め手になった。入行後も当時の大蔵省が拓銀を含む大手行への支援を明言した。

しかし、神話はあっけなく崩壊する。拓銀破綻後も、日本長期信用銀行や日本債券信用銀行などの大手が相次ぎ破綻した。拓銀に限れば特別背任罪に問われた河谷禎昌元頭取の実刑判決が２００９年に確定し、経営責任追及に終止符が打たれた。以降、当時の検証・総括を目にする機会は急減した印象がある。

拓銀破綻翌年の１９９８年秋に北海道新聞に再就職した後も、この結末にずっと釈然としない思いを抱いていた。破綻の原因は、一義的にはバブル期に野放図な融資を行った拓銀にある。だとしても、銀行の経営を実質的に掌握していた大蔵省や日銀の責任が「不問」でいいはずがないからだ。

拓銀破綻20年の連載企画はこうした問題意識を持って取材を進めた。拓銀内部の病巣を明らかにするだけではなく、金融当局の対応や責任の検証にも軸足を置いた。鬼籍に入った元幹部も多く、次の節目で同様の検証はできないかもしれないという危機感も取材の原動力となった。

本紙で大きな反響を呼んだ第1章の河谷禎昌氏の回想録には、破綻の「なぜ」を解明する上で重要なポイントがいくつかある。特に注目すべきは「白旗を揚げることは、私自身は考えていなかった」と述べ、金融当局主導の破綻だったことを示唆した発言だろう。「ギブアップしたのは拓銀」という当時の多くのメディアの論調を真っ向から否定した形だ。

拓銀は97年11月14日の金曜日、金融機関同士で資金を融通し合う「コール市場」での資金調達が難航し、各金融機関に課されていた日銀への積立金約140億円を確保できなかった。手形交換や為替などの対外的な決裁で失敗したわけではなく、日銀に「過怠金」と呼ばれる罰金を支払えば、週明け以降も営業を継続することはできた。実際、積み立て不足が即破綻につながるとは考えていなかった元幹部も多かった。

だが、大蔵省や日銀の考えは違った。取材を進めたところ、大蔵省OBが「平日に破綻すると、マーケット（市場）が開いている時間にどんどん預金が引き出され、日中に不渡りなどが起きる。これは絶対に避けなければならないと思った」と明かした。これを裏付けるように、第3章の「危機に学ぶ8人の論点」でも内藤純一・元大蔵省銀行課長が拓銀サイドに「（営業継続は）厳しいと強く言った」と語っている。

当時の大蔵省は住宅金融専門会社（住専）の不良債権処理に約6800億円を拠出して批判を浴び、公的資金による銀行の救済が事実上封じられていた。96年11月には金融自由化策「日本版金融ビッグバン」が打ち出され、大蔵省が護送船団行政からの決別を迫られていたことは想像に難くない。自由競争の流れが急速に強まる中、金融当局が拓銀など経営難にあえぐ銀行を「軟着陸」させることができなかったという側面は否めまい。

河谷氏は「銀行経営は箸の上げ下ろしまで大蔵省の了解が必要といわれた時代。いざとなったら大蔵省が何とかしてくれるという認識もあった」とも話している。河谷氏が頭取だった94年12月から96年9月まで、拓銀は大蔵省から財務内容の厳しいチェックを受ける「決算承認銀行」でもあった。拓銀の経営状態を詳細に把握していた大蔵省の責任は極めて重い。

さらにさかのぼれば、各金融機関が不良債権を積み上げる引き金となったバブルと、その崩壊を招いた金融行政の検証・総括も曖昧なままだ。拓銀破綻の原因がバブル期の放漫経営にあったとしても、金融当局は政策決定過程の緻密な調査や検証を行った上で同じ轍《てつ》を踏まない方策を次代に残し、伝える責務があると思う。

安倍晋三首相が看板の経済政策であるアベノミクスを掲げて6年余り。日銀による金融緩和策の長期化で銀行の経営環境は厳しさを増し、大量供給された緩和マネーが不動産市場に流れ込んで、関連融資はバブル期以来の過熱状態になっているとされる。歯止めのかからない人口減少や慢性的な人手不足など経済が不透明感を増す中、緩和リスクはいつ顕在化してもおかしくない状態だ。

「治にいて乱を忘れず」。先行きが混とんとした今の時代だからこそ、日本経済の長期停滞を招く起点になった拓銀破綻を含む金融危機の時代を今後も伝え続けることが、地元紙として果たすべき役割だと感じている。

北海道新聞経済部　部次長　宇野一征

あとがき

新聞記者という仕事の矜持の一つは、自ら書く記事が「歴史の最初の草稿」（The first rough draft of history）になり得るという点にある。

目の前で起きたこと、掘り起こしたことを丹念に観察し、読み解き、書き残す。それが時を経て、時代背景や意義付けとともに「歴史」として定着し、語り継がれるようになる。歴史の最初の目撃者たらん、記録者たらんとして記者たちは奔走するのだ。

１９９７（平成９）年11月17日。北海道新聞の記者たちはその日以来、わが国の経済と金融システム、そして北海道全体を大きく揺るがした歴史的な大事件を幾度となく検証し、「草稿」をつづる作業を重ねてきた。

本書は、それから20年後の２０１７年秋、当時の経済部の取材班（佐藤宏光、宇野一征、高橋俊樹、本庄彩芳）が、それまでの草稿に欠けていた「最後のピース」を埋めるべく取り組んだ連載企画や特集記事などを再構成したものである。

第一章「『最後の頭取』回想録」は、拓銀破綻時に頭取だった河谷禎昌氏へのインタビューをもとにまとめた。河谷氏は20年間、経営責任を追及された法廷以外の公の場で沈黙を貫いてきた。破綻時のトップが何を見聞きし、どう考え、判断したのか。その証言は私たちにとって、どうしても埋めたい草稿の最大の空白だった。

「サイレンス・ブレーカー（沈黙を破る人）」という言葉がある。当事者の埋もれた証言を引き出し、掘り起こすのはジャーナリズムの重要な役割だ。河谷氏から、歴代の草稿にはなかった数々の貴重な証言や示唆を得た。メディアとして初めてその口を開かせたのは、現場の記者たちの粘り強いアプローチの賜物である。

とはいえ、インタビューの記事化は簡単ではなかった。当時の拓銀の状況やその人柄を知る人で、河谷氏を悪く言う人はほぼいない。しかし、北海道の隅々にまで甚大な影響を与えた企業破綻の責任者だ。20年後の証言が道民からどんな反響や波紋を呼ぶか、予想できなかった。責任を負い、収監までされた河谷氏を風当たりや軋轢《あつれき》にさらし、これ以上、傷つけることは絶対に避けたかった。

そのため、証言の語り口、事実関係、表現などについては慎重に吟味を重ねた。刺激的だったり、事実の裏取りが完全に取れない部分などについては、ご本人には大変申し訳なく、取材班にも無念ではあったが、少なからず割愛した。

サイレンス・ブレーカーを最初に発掘したメディアとして、そして北海道の地元紙として、当然の配慮だったと思っている。むしろ、拓銀破綻というクライマックスだけでなく、河谷氏の生い立ち、仕事や家族、時代との関わりなどにもスポットを当て、多くの紙幅を割いた。北海道最大の企業のトップから服役囚という波乱万丈を経験した人の、数奇な人生ドラマの全体像を描きたかった。

記事掲載をきっかけに、事実上の蟄居《ちっきょ》生活だった河谷氏のもとにかつての仲間や経済人から連絡が相次ぎ、交流が復活したと聞いた。取材班にとって何よりの朗報だった。

第一章が河谷氏という「船長」から見た拓銀丸の沈没までの物語だとすれば、第二章「激流の中で　内部資料が語る11・17敗戦記」は、甲板上で激しい嵐とたたかった「乗組員」から見た船の最期の姿である。

株価の急落や預金の流出、資金繰り難という危機の最前線で、沈没を防ごうと体を張った現場の行員たち。これまでの拓銀をめぐる私たちの草稿には、この視点が欠けていた。今回、取材班は約3千枚に及ぶ当時の拓銀内部資料を掘り起こし、読み解くことによって、その空白を埋めることに成功した。

資料は、拓銀末期の厳しい経費節減によるものだろうか、別の書類の裏紙を再利用して印刷されたものが少なくなかった。書類の余白には、閲覧した行員が直筆でつづったメモ書きも多く残されていた。急速な経営環境の悪化、風評に対する恐れや苛立ち、上層部への不満や怒り、それでも組織を守ろうと自らを鼓舞するような言葉も並ぶ。

ノンフィクション作家の保阪正康さんは「歴史」の本質的な意義について、「記憶を父とし、記録を母として、教訓という子どもを産む」ことにあると述べている。

今回の拓銀破綻20年をめぐる取材班の取り組みは、この言葉にすべて集約されているように思える。河谷氏の「記憶」をたどり、3千枚の「記録」を読み、その先に目指したものはただ一つ、「教訓」を伝えたいということだ。第三章以降も、拓銀破綻という激動を経験した人たちの記憶や証言、提言、考察などから、多角的に教訓を導き出そうと試みた。

私たちが伝えたいのは、拓銀という組織自体の失敗が残した教訓だけではない。拓銀を破綻させた当時の金融行政、政治、社会、世相なども「失敗」だったのではないか、そこにこそ重い教訓があるのではないか、ということだ。

拓銀は市場原理主義の荒波の中で金融市場から退場を迫られた、という見方がある。それは歴史の一つの側面でしかないと思う。明確な「計画性」「犯意」がなかったとしても、拓銀破綻という失敗は「誰か」が判断、または決断をしたために起きた。河谷氏が証言する通り、拓銀自身はあのとき白旗を上げていない。

長年、胸に引っかかっている、ある「噂」がある。拓銀破綻が決した97年11月14日の資金市場で、拓銀と全く同じ危機に陥った金融機関が他にも複数あったという噂だ。これが事実なら、他が救われ、唯一救われなかった拓銀は「潰れた」というより「選ばれた」ことになる。この件の裏取りは、残念ながら今回もかなわなかった。

拓銀破綻という歴史の草稿づくりは、20年後の節目に大きく前進したと自負している。ただ、破綻に至る「意志決定」の正体、つまり「失敗の本質」に関する部分は多くが空白のままだ。草稿づくりは、まだ終わっていない。終わらせてはならない、と強く思う。

北海道新聞編集局 局次長 兼 報道センター長（前経済部長） 三浦辰治

拓銀　敗戦の記録

——破綻20年後の証言

＊本書は２０１７年10月から２０１８年６月に北海道新聞に掲載された「拓銀破綻20年」に加筆・修正しまとめたものです。

＊P56、57、62、71の写真の一部は共同通信社提供。

装丁・デザイン　佐々木正男（佐々木デザイン事務所）

２０２３年４月３日　発行

編　者　北海道新聞社

発行者　近藤　浩

発行所　北海道新聞社

〒０６０-８７１１　札幌市中央区大通西３丁目６

出版センター　（編集）ＴＥＬ　０１１-２１０-５７４２

（営業）ＴＥＬ　０１１-２１０-５７４４

落丁・乱丁本は出版センター（営業）にご連絡下さい。お取り換えいたします。

ISBN978-4-86721-098-7